Stephan Wahl
An Hecken und Zäunen

Worte zum Sonntag

FREIBURG · BASEL · WIEN

Der Text „Sehnsucht" ist ein Auszug aus:
Stephan Wahl, SonnenNacht,
in: Norbert Sommer (Hg.):
Von der Sehnsucht - Entwürfe
© Wichern-Verlag GmbH, Berlin 1999

Alle Rechte vorbehalten – Printed in Germany
© Verlag Herder Freiburg im Breisgau 2004
www.herder.de

Gestaltung: Finken & Bumiller
Titelbild: Karl-Heinz Schlierbach

Herstellung: fgb · freiburger graphische betriebe
www.fgb.de

Gedruckt auf umweltfreundlichem,
chlorfrei gebleichtem Papier
ISBN 3-451-28384-0

Vorwort

Es ist nüchtern betrachtet ein unmöglicher Auftrag. In den meist wenigen Minuten, die als Sendezeit in Hörfunk und Fernsehen zur Verfügung stehen, lässt sich nur ein Teil von dem sagen, was der Verkündiger gerne sagen möchte. Das ist auf der einen Seite ein Nachteil, zwingt aber auf der anderen Seite, sich auf Wesentliches zu konzentrieren. Die Kurzformen der Rundfunkverkündigung, von den bisweilen nur anderthalb Minuten dauernden Morgenansprachen bis zum knapp vier Minuten dauernden „Wort zum Sonntag", sind Chancen aus der Fülle möglicher Gedanken auszuwählen, sich zu entscheiden und das Ergebnis dann so zu formulieren, dass möglichst viele Menschen in unterschiedlichsten Situationen davon für ihr Leben profitieren. Schlichter gesagt: Es geht um ein gutes Wort für den Tag, um nicht mehr, aber auch um nicht weniger. Und: Verkündigungssendungen sind kein Selbstzweck. Es geht nicht darum, die katholisch oder evangelisch sozialisierte Familie jeden Samstagabend in meditativer Stimmung vor dem Fernseher zu versammeln, um „Das Wort zum Sonntag" zu erwarten, sondern darum dem „ganz normalen Zuschauer", gerade dem, der an den „Hecken und Zäunen" unserer Gemeinden lebt, ein Wort zu sagen, das ihn zum Nachdenken anregt. Verkündigungssendungen können helfen, sich wieder mit Gott und dem Glauben auseinander zu setzen. Das hat Folgen für die Inhalte und die Gestaltung. Es ist ein Grenzgang zwischen falscher Anbiederung und gut gemeinter Überforderung. „Milch gab ich euch zu trinken statt fester Speise; denn diese konntet ihr noch nicht vertragen" (1 Kor 3,2), so schreibt der Apostel Paulus an die Korinther. Autoren von Verkündigungssendungen geht es ähnlich. Sie nehmen teil am Verkündigungsauftrag Jesu und seiner Kirche und sind sich bewusst, dass sie nur mit ganz kleinen Mosaiksteinen zum Ganzen beitragen: mit kritisch-nachdenklichen Stacheln, mit hilfreichen Glaubensinformationen, mit glaubwürdigen Bekenntnissen und manchmal mit einem schlicht wohltuenden und leicht gemeinten Wort. Wenn diese Worte dann dazu anregen, mehr zu suchen und sich tiefer und eingehender auf andere Weise mit dem Glauben zu beschäftigen, dann haben sie getan, was sie konnten.

Ich danke Herrn Jochen Fähndrich vom Verlag Herder für die Auswahl der nachfolgenden Texte und für die Ermunterung, die verschiedenen Gedanken überhaupt in dieser Form zu veröffentlichen. Sie sind zum Teil für die ARD-Reihe „Das Wort zum Sonntag", zum Teil für Morgenansprachen in verschiedenen Hörfunksendern verfasst worden. Widmen möchte ich dieses Büchlein allen Zuschauerinnen und Zuschauern der zweitältesten Sendung des Deutschen Fernsehens, die in diesem Jahr 50sten Geburtstag feiert, und allen, die durch ihre ganz persönliche und unverwechselbare Art „Das Wort zum Sonntag" mitgestaltet und geprägt haben.

Trier, am 1. Januar 2004
STEPHAN WAHL

Inhalt

Vorwort 3

ANKOMMEN

Sehnsucht 9
Gedächtnis 12
Am Nikolausabend 15
Dritter Advent 18
Schenken 21
Silvester 23
Das Neujahrsfax 26
Unterwegs 29
ScherbenSegen 33

VOR GOTT – FÜR MENSCHEN

Das kleine Kreuz 39
KreuzAsche 41
Harte Schale 44
Selbstlos 47
Streiten 49
Siebenundsiebzig Mal 52
… was ihr getan habt 55
Zehn Gebote 57
Ausländer raus 60
Abu Shauki 62
Apartheid 65
Tobias 68
Erster April 71

FESTTAGE SIND KRAFTMOMENTE

Mission impossible (Karfreitag) 75
Ostern 78
Julia 81
Osteroktav 83
Thomas 86
HöchstPersönlich (Pfingsten) 88
Widerständig (Pfingstwoche) 91
SchattenSonne 95

SALZ UND LICHT

Papa Giovanni 99
Der Stachel 102
Salz und Licht? 105
Der Gaukler 107
WortKlug 109
Der Sündenbock 111
Ungezwungen 114
Talkshow 117
Schlussverkauf 120
Medien 123
Sklaverei 127
Junkie 130
Neapel 133
Schwarzmaler 136
Der Name 139

AN GRÄBERN VOM HIMMEL REDEN

Vom Heiligen 143
Das Leben lauert 146
Abschied 151
Zu spät 156
Übersetzung 159
In sich ruhen 162

Gesegnet 167

Register 169

ANKOMMEN

ANKOMMEN

Sehnsucht

Ich sehne mich immer
nach dem,
was nicht ist.
Wenn es dann da ist,
verliert es mein Interesse.

„Eigentlich bin ich ja ganz anders,
aber ich komme so selten dazu",
sagt Ödön von Horvath.

Ich verstecke die Sehnsüchte.

Träume
Realer als manches Erlebte.
Fluchtpunkte?
Was ist wirklich?

Ich ziehe mir den Kopfhörer an und dirigiere Mahler,
natürlich die Zweite,
mit Pathos,
mit Tränen,
schreiend und still.

So empfinden zu können,
so sich auszudrücken,
mit Gott Tür an Tür zu wohnen...
Ich beneide Mahler,
ich nehme den Kopfhörer ab,
nach dem Schlussakkord,

und spüre nur den Schweiß auf der Stirn.
Der Applaus gilt nicht mir.

Ich sehne mich nicht nach der Bühne,
ich strecke mich aus nach Endgültigkeit,
nach dem Ewigen hinter allem Vordergründigen.
Um endlich
das ganz zu glauben,
ganz zu wissen,
ganz zu erfahren,
was ich predige,
an was ich mich klammere,
was man mich gelehrt hat,
was ich studiert habe,
was ich in Ansätzen merke.

Ich bete,
ich versuche zu beten,
meist mehr ein Stottern vor dem,
den wir Gott nennen.

„Vielleicht aber ist es doch wahr…"
und: „die Kirche sagt…",
ist mir zu wenig.
Ich bin nicht Mutter Teresa.
Ich bin.

Ich sehne mich nach dem Ende der Rätsel,
nach dem endgültigen Augen-auf-gehen
und einer Portion Vorgeschmack.
Schon jetzt.

Jeder sehnt sich anders.
Aber jeder sehnt sich.

Sehnsucht nach dem Paradies.
Sehnsucht nach dem Paradies.

Ich sehne mich nach Gerechtigkeit.
Nach der Sonne, die über allen aufgeht,
nach dem Ende der SchattenMenschen.

Ich sehne mich nach dem Ende der Ausgrenzungen:
keine Gaskammern und Todeszellen,
keine Moralkeulen über Nichtkonforme,
keine Brandstifter im Ornat,
keine Schubladen,
keine NischenLiebe.

Ich sehne mich
nach aufrechtem Gang,
nach Blicken, die nicht ausweichen,
nach dem Ende der auferlegten Scham,
nach dem Ernst-Nehmen Gottes.

Nach Respekt.

Respekt und
ein Hauch von Toleranz.
Wenigstens.

ANKOMMEN

Gedächtnis

„Tut dies zu meinem Gedächtnis."

So heißt es im Mittelpunkt der Messe dann,
wenn Brot und Wein erhoben werden.
Es erinnert an die Worte
beim letzten Abendmahl.

Als Jesus mit seinen Jüngern zusammen war,
nahm er das Brot und den Wein,
sprach dann den Segen.

Seit Jahrhunderten werden
seine Worte immer wiederholt.
In allen Sprachen.

Nehmt und esst, nehmt und trinkt.
Das ist mein Leib.
Das ist mein Blut.

Geheimnis des Glaubens,
heißt es dann.

Das ist wirklich geheimnisvoll.
Ein Schluck Wein, ein bisschen Brot.
Eine kleine unscheinbare Hostie,
und dann diese Bedeutung.

Als Kind hab ich schon gelernt,

mit diesem Geheimnis
besonders ehrfürchtig umzugehen,
als Theologe habe ich Bücher gewälzt
und viel Kluges darüber studiert,
als Priester so oft selbst diese Worte nachgesprochen.

„Tut dies zu meinem Gedächtnis."

Besser oder tiefer verstanden
hab ich diesen Satz vor sechs Jahren.

Damals, am ersten Advent,
starb plötzlich eine gute Freundin von mir.
Birgit.
Sie war einer von den Menschen,
die einem wichtig sind wie Brot und Salz.
Wir, ihre Freunde,
vor allem natürlich ihre Familie,
vermissen sie bis heute.
Es war ein trauriger Advent damals.

Dann, an Weihnachten,
besuchte mich ihr Mann
und brachte mir ein Weihnachtsgeschenk.
Einen wunderschönen Leuchter.
Ein Geschenk von Birgit.
Den hatte sie schon besorgt und eingepackt.
Bis zum ersten Advent wollte sie
immer mit allem fertig sein.

Und er brachte eine kleine Dose.
Mit selbst gebackenen Plätzchen.
Die hatte sie auch schon gebacken.

Ich weiß nicht,
wie viel Gebäck ich in den letzten Jahren
bei ihr gegessen habe.
So nebenbei.
So selbstverständlich.

Die kleine Dose öffnete ich ganz langsam.
Und genauso langsam hab ich
eins von den Plätzchen gegessen.
Eins.

Das mag sein,
dass es von außen besehen
ein bisschen eigenartig klingt,
aber dieses Plätzchen war für mich mehr
als ein Stück Gebäck.

Ich sah Birgit in der Küche,
ich sah sie beim Backen,
ich erinnerte mich an Gespräche.
Ich sah, ich hörte ihr Lachen.

Sie war irgendwie wieder da.
Und doch natürlich nicht.

„Tut dies zu meinem Gedächtnis."

Diesen Satz versteh ich seitdem noch besser.

ANKOMMEN

Am Nikolausabend

Kurz vor dem Abi hatte ich einen Bart.
Einen sehr langen und schlohweißen.
Natürlich nicht echt.
Zusammen mit einigen Mitschülern
aus unserem Bonner Jesuitenkolleg
war ich als Nikolaus engagiert worden.
An einem 5. Dezember abends
ging es los.

Wir hatten uns
entsprechende Dienstkleidung
bei den Pfarrern und Patres ausgeliehen,
mit alten Messgewändern oder Mänteln
prächtig ausstaffiert.
Mit einer Mitra aus Pappe
und selbst gemachten Hirtenstäben
zogen wir zu den Familien.
Jeder allein, versteht sich.

Was wir an Geld bekamen,
ging in ein Hilfsprojekt.

Einen Besuch werde ich
wohl nie vergessen.
Es war bei irgendeinem hohen Beamten
aus einem Ministerium.
Damals waren ja noch alle in Bonn.

Dieser Herr empfing mich an der Tür,
führte mich in den Flur
und erteilte mir weitschweifig
detaillierte Regieanweisungen
für meinen bevorstehenden Auftritt.

Ich wurde auf die Geschenke hingewiesen:
„… dies ist für meine Tochter Anna,
das für den Sohn Thomas,
dies für meine Gattin,
und das hier",
jetzt strahlte er über beide Backen,
„das hier ist für mich."

Sprach's und verschwand
im Wohnzimmer,
nicht ohne mir einzuschärfen,
auch ja drei Mal
an die Tür zu klopfen und
das Glöckchen zu läuten!

Ich holte tief Luft, bimmelte
und trat ins Zimmer.

Was ich sah,
hätte ich gern fotografiert:
Auf dem Sofa saß die erwähnte Gattin
und versuchte, ein etwa
anderthalbjähriges Kind, Thomas,
mit allen Mutterkünsten zu beruhigen.
Der Kleine schrie nach Leibeskräften,
und mein Anblick hatte alles andere
als eine beruhigende Wirkung!

Die Mutter war vollauf beschäftigt.

Ich hielt nach dem anderen Kind
Ausschau und entdeckte Anna
in einer wunderbar geschnitzten Wiege.
Anna war höchstens drei Monate
und am hohen Besuch
nicht im Mindesten interessiert.

Mittendrin aber saß Vater,
mit leuchtenden Augen,
empfing sein Geschenk und
den von ihm selbst
vorformulierten Spruch.
Als er zu singen anfing,
suchte ich das Weite.

Höflich, versteht sich.

Krasser hab ich nie mehr erlebt,
zu was das so genannte Kind im Manne
fähig sein kann.

Dritter Advent

Advent, Advent, ein Kerzlein brennt.
Erst eins, dann zwei,
dann drei, dann …
nein, so weit sind wir noch nicht.
Heute ist erst einmal
Numero drei dran.

Und eine Geschichte
von Johannes dem Täufer.
Von ihm wird heute in der Kirche erzählt.

Johannes der Täufer
ist seit Jahrhunderten
eine *der* Adventsgestalten.
Auf seine Weise.

In Marzipan oder Schokolade
gibt es ihn nicht.
Provokateure sind meistens
alles andere als süß.

Er war ein Prophet,
ein Rebell,
einer, der die Leute magisch anzog.
Er sprach Klartext,
nahm kein Blatt vor den Mund,
hielt den Leuten
den Spiegel vors Gesicht,
sagte, was schief lief im Land.

Sie bekamen den Kopf gewaschen.
Man kann es auch taufen nennen.

Wasser reinigt,
Wasser befreit,
man fühlt sich besser.
Ist beim Duschen ja ähnlich.
Äußerlich zumindest.

Johannes verstand sich
als Vorläufer,
als Wegbereiter
für das wichtigere Mitglied
seiner Familie:

Johannes und Jesus
waren Vettern.
Die deutliche Sprache
hatten beide.

Für Johannes bedeutet das bald
Gefängnis, später sogar Tod.

Vorher stellt er die Frage,
die nach ihm viele gestellt haben:
„Bist du der, der da kommen soll, oder
müssen wir auf einen anderen warten?"

Heute wissen wir –
oder besser, glauben wir –,
dass Jesus Christus der war,
auf den alle gewartet hatten.
Der vollendete Mensch.

Das Vorbild schlechthin.
Und mehr:
mit einer Botschaft.
Mit einem göttlichem Rezept,
hier menschenwürdig zu leben.

Nur ankommen...
das dauert wohl noch an.
Trotz Johannes,
trotz Jesus selbst,
trotz göttlichem Willen.

Das liegt immer an beiden Seiten.
Umkehren,
Ballast abwerfen,
sich korrigieren lassen
fällt immer noch schwer.

Es ist wirklich immer noch Advent
in der Welt.

ANKOMMEN

Schenken

Ein gutes Geschenk zu finden,
ist gar nicht so einfach.
Und erst recht nicht nur
eine Frage der Finanzen.

Ein Freund von mir hat seine eigene Art,
gute Geschenke zu machen:
Er schaut sich in seiner Wohnung um,
nimmt irgendetwas, was ihm selbst
gut gefällt, verpackt und verschenkt es
zum jeweiligen Anlass.
Persönlicher kann ein Geschenk
kaum sein.

Vor Jahren habe ich das auch mal probiert.
Mit einem überraschenden Ergebnis.
Ein befreundeter Kollege wurde
nach Mailand versetzt. Zum Abschied
schenkte ich ihm einen Holzschnitt
eines israelischen Künstlers.
An dem Bild hing ich sehr,
wusste aber auch, dass es meinen Kollegen
immer wieder fasziniert hatte.
Er freute sich riesig,
und auch ich war mit mir ganz zufrieden.

Das hielt nur nicht lange.
Ein paar Tage später
tat mir die Entscheidung

schon ein bisschen Leid.
Wie gesagt, ich mochte das Bild sehr.
Aber: geschenkt ist geschenkt.

Jahre später besuchte ich in Israel
wieder einmal den Künstler,
von dem ich das Bild hatte.
Ich kenne ihn seit Jahren,
hab schon einige Bilder bei ihm gekauft.
Bei diesem Besuch fragte er mich
zum ersten Mal:
„Sagen Sie mal, hab ich Ihnen eigentlich
schon mal einen Holzschnitt geschenkt?"
„Nein", sagte ich.
Ich hatte zwar schon Bilder
billiger bekommen,
aber geschenkt... Nein.
Er verschwand darauf im Atelier
und kam mit einem Bild wieder.
Es war genau das Motiv,
das ich vor Jahren selbst verschenkt hatte.

Heute ist mir das Bild
noch wichtiger als damals.
Er scheint doch zu stimmen,
der alte Spruch,

dass die Freude, die man schenkt,
ins eigene Herz zurückkehrt.

ANKOMMEN

Silvester

Wieder ein Jahr vorbei.
Heute Abend knallen die Sektkorken,
steigen Raketen in den Himmel.
Das neue Jahr steht vor der Tür.

Rückblicke gab es genug,
große Ereignisse
kommen in Erinnerung,
bedeutende Menschen.
Von den Schlagzeilen
erzählt jeder Sender.

Ich denke an die Fußnoten,
abseits vom Scheinwerferlicht,
an die vielen mit wenig
glänzender Silvesterstimmung.
An die, denen kalt ist.
Die von innen frieren.
Die Weihnachten und alles,
was damit zusammenhängt,
hinter sich gebracht haben.
Ohne Romantik,
ohne Trost.

An alle denke ich,
die Lasten aus dem einen Jahr
ins andere schleppen.
Die es schwer mit sich selbst haben
und alles mit sich allein ausmachen.

An die denke ich,
die schwermütig sind,
deren Seele Trauer trägt,
warum auch immer.
Die auf halbmast leben,
oder eher überleben,
und sich schleppen
von einem Tag
zum nächsten.

An alle denke ich,
die sie belächeln,
nicht ernst nehmen
oder kühl verdächtigen.
Die nicht mehr spüren,
was neben ihnen passiert,
die hart geworden sind.

Die habe ich vor Augen,
die sich schützen,
mit immensem Aufwand,
deren Lächeln Maske ist,
Schutz vor Tränen,
die man niemandem zumutet.
An alle denke ich,
die sich mit Gewalt
zusammenreißen.

An die Resignierten,
an die Stummgewordenen,
an die in sich Verbitterten,
an sie denke ich vor Gott.

Ich bete für sie. Ich bitte für sie.

Auch für alle,
die von der Liebe verwundet wurden.
Die vor Trümmern stehen,
die sprachlos wurden,
sich fremd und fern,
die sich getrennt haben
in diesem alten Jahr.

Besonders bitte ich für alle,
die sich fürchten,
vor ihren Erinnerungen,
vor ihren Gefühlen,
vor dem Schmerz allein zu sein.

An die denke ich,
die ihnen Mitmensch und Engel waren.

Und an die,
die es hätten sein können.

ANKOMMEN

Das Neujahrsfax

Am Neujahrstag bekam ich ein Fax.
Ohne große Ankündigung.
Mehrere Seiten lang.
Mein Faxgerät hat es nicht wie sonst
Seite für Seite
schön ordentlich abgeschnitten,
sondern Zeile für Zeile
erschien der Text.
Wie ein Schriftband,
das sich zusammenrollen lässt.
Darin steht unter anderem:

Herr ...
In der letzten Nacht des Jahres
bin ich
in deinem Haus gewesen.
Du weißt,
mir stand der Sinn
nicht nach Anbetung.

Ich habe dir
vielmehr
meine Sorgen
und Ängste
auf die Treppen
des Altares geschüttet –
Dir gesagt:
schau auf mich,

ich kann dieses Leben
nicht mehr ertragen –

Ich bin am Rand
meiner Existenz,
weiß nicht mehr
ein noch aus.

Aber
du bist ein schweigender Gott –

lässt uns allein
in unserer
vermeintlichen Freiheit
und in unserer Not.

Aus der Stille der Kirche
ging ich
in ein anderes Gasthaus.
Dann stand ich an einer Theke
zwischen fein gemachten Putzfrauen,
besoffenen Arbeitslosen,
haltlosen Huren
und Alleingelassenen.
Und dann begriff ich es:
Dein Haus ist nicht
die glanzvoll renovierte Kirche.
Dein Haus
ist in unserer Mitte.

Du musst in denen,
die noch glauben,
gegenwärtig sein.
G. M.

Das stand auf dem Fax.
Gedanken, ins Wort gebracht,
die man oft nur aus Gesichtern
lesen kann.

Ich ließ die Papierrolle
durch die Finger gleiten,
wiederholte einiges
von dem Geschriebenen,
blieb an manchen Wendungen hängen,
rätselte, was so
zwischen den Zeilen stand,
staunte über den Mut,
mir einfach so einen Blick
in die Seele zu erlauben.

Der mir geschrieben hat,
ist nicht Gottes Musterschüler.
Er sagt nicht zu allem Ja und Amen,
er mutet Gott alles zu,
hält nichts zurück,
schminkt sich sein Leben und
sein Chaos nicht schön.
Spricht mit Gott frei von der Leber.
In den Momenten,
wenn ich so etwas wie dieses Fax lese,
wenn manches angeblich Wichtige
herzlich unwichtig wird,
dann glaube ich stärker,
dass es Gott gibt.

ANKOMMEN

Unterwegs

Wir sind unterwegs.
Die Zeit fliegt.
Wir warten. Geduldig.
Manchmal ungeduldig.

„Tausend Jahre sind für dich,
Gott, wie ein Tag."

Für Gott.
Wir sind Menschen.
So viel Zeit haben wir nicht.

Wir fahren und warten. Gleichzeitig.
Sind neugierig, wollen etwas erleben.
Wir leisten uns was.
Genießen das Leben.
Aber trotzdem warten wir.

Wir sind glücklich. Es fehlt uns nichts.
Wir fahren in Urlaub.
Wir fahren ans Meer,
wir fahren auf die Alm,
wir erholen uns.
Aber wir reisen nicht.
So wie früher.
Wir gehen nur irgendwohin.
Schnell, bequem,
möglichst schnell.
Reisen heißt doch:

mit Abenteuern rechnen,
mit dem Unerwarteten,
mit Überraschungen.
Warten, sich umorientieren.
Heißt, manches ertragen müssen.

Wir wollen nur irgendwohin.
Nehmen kurzen Abschied
vom Wecker, vom Frühstückstisch,
vom Morgenstau zur Arbeit,
von nervenden Gesichtern.
Wechseln die Klamotten.
Sind nicht mehr offiziell.
Wir streiten uns trotzdem.
Über Nebensächlichkeiten,
Zimmerbuchungen. Das Essen.
Eintrittskarten.

Es ist anders und doch gleich.
Wir reisen nie von uns weg.
Wir sind immer die gleichen.
Trotzdem erholen wir uns.
Wir sind Menschen.

Wir sind immer unterwegs.
Alles ist Bewegung.
Das Leben ist eine Reise.

Wir fahren zum Mond,
wir springen dort herum.
Hinterlassen Fußabdrücke.
Diese Spuren bleiben zumindest.
Für immer.
Kein Windhauch verweht sie.

Das geht auch hier.
Jeder hinterlässt Spuren.
Wenn er will.

Erfahrungen
Blicke
Lachen
Tränen
Umarmungen
Freunde
Menschen

Nichts ist umsonst.
Ich sitze bequem.
Und bin doch unterwegs.
Mit mir und meinen Gedanken.
Wo will ich ankommen?
Und was ist entscheidender:
das Ankommen oder das Reisen?

Das Ankommen. Sagt die alte Kirche.
Denn das ist der Himmel.
Das Unterwegssein, sagen wir heute,
weil wir uns nicht mehr so sicher sind,
ob es ihn gibt, den Himmel.
Jetzt ist jetzt.

Ich glaube an die Ruhe
am Ende der Reise,
an ewige Ferien, an den Himmel.
Die große Überraschung
am Ende der Straße.

Später.
Jetzt reise ich.

Das Unerfüllte, die Sehnsüchte,
die Träume, die Kämpfe
sind im Gepäck.

Ich bin lebendig.
Die Kraft kommt nicht aus mir.
Sie kommt vom Anfang und Ziel
meiner Reise.
Ich reise nie allein.
Ich vertraue auf Gott.
Denn er ist
„*vertraut mit all meinen Wegen.*"
(PSALM 139,3)

ANKOMMEN

ScherbenSegen

Ein gutes neues Jahr
wünsche ich Ihnen.

Gut meine ich im Sinne
von gesegnet.
Am Jahresanfang stehen für mich weniger
Sonntagsreden und große Vorsätze,
die ich ja doch wieder nicht erfülle,
sondern ganz schlicht die Bitte an Gott,
dass alles Kommende gesegnet ist.

Das neue Jahr wird seine schönen Seiten haben
und seine schweren.
Wir werden wieder beides erleben und leben:
Wir werden jubeln, tanzen, wir werden schweigen
und uns bisweilen auf dem Boden wieder finden.
Für jeden, der lacht, gibt es jemanden,
der weint.

Die Krippe von Weihnachten steht noch,
und in ihrer Mitte ist der zu finden,
dessen Name Programm ist,
Jesus heißt übersetzt: Gott hilft.

In seinem Namen und mit der Hoffnung,
dass sich erfüllen möge, was dieser Name sagt,
beginne ich, beginnen wir als Christen, das neue Jahr.

„Gott hilft."
Da ist oft mehr Hoffnung drin als Erfahrung.
Und wer das sagen kann: „Gott hat geholfen",
der weiß auch,
dass es die anderen Stunden gibt,
in denen man sich nur erinnern kann
an das, was einen mal aufgerichtet hat.
Und in denen es schwer ist zu glauben,
dass beides wahr ist:
das Dunkle wie das Helle.
Das Tasten nach Gott
wie die Erfahrung seiner Nähe.
Wer sie erfahren hat, hütet sie wie einen Schatz
und sehnt sich danach wie nach dem Licht.

„Gott hilft" heißt Jesus.
Und er ist es, „... durch dessen Wunden
wir geheilt" sind.
Daran denke ich auch
und damit an all das, was mir schwer war,
was ich liebend gern vermieden hätte,
aber was mich auch in den vergangenen Jahren
geprägt hat.
Die Kraft kommt manchmal aus der Ohnmacht.

Ein Symbol dafür sind für mich
die kleinen Engel an meinem Weihnachtsbaum.
Kein Massenprodukt aus irgendeiner Firma,
sondern jeder ein Einzelstück.

Sie sind aus Scherben entstanden.
Scherben bringen Glück,
sagt man so leicht,

aber da, wo diese Scherben herkommen,
kann man das wirklich so nicht sagen.

Sie sind aus Betlehem.
Die Kämpfe zwischen Israelis und Palästinensern
haben in Häusern und Geschäften
Scherben hinterlassen,
kaputte Fenster...
Wir kennen die Fernsehbilder...
die Angst kennt man nur dort.

Die Verwüstung hält an –
und die Pilger und Touristen bleiben aus.
Davon hat Betlehem einmal gelebt.

Einige Handwerker hatten jetzt eine Idee.
Sie sammelten die Scherben
und machten Engel daraus,
löteten die Glasstücke mit Metallstegen aneinander,
so wie man das bei Kirchenfenstern macht,
und verschicken sie in alle Welt.

Ein Zeichen der Hoffnung,
aus Spuren der Verwüstung.
Diese Engel sprechen für sich.

Um diese Kraft,
die dahinter steht,
möchte ich am Beginn des neuen Jahres bitten.

Auch hier bei uns.
Wir stehen nicht nur vor Wänden.
Und erst recht nicht vor dem Ende der Welt.

Ich bitte Gott für alle,
die unser soziales Klima bestimmen,
die Macht und Einfluss haben
und dabei nicht nur um sich selbst tanzen.

Ich bitte für alle,
mit denen wir dieses neue Jahr beginnen,
Für alle, die wir neu kennen lernen werden,
und für alle, die uns fremd bleiben werden.
Oder zugemutet, wie wir ihnen.

Ich bitte an Neujahr für alle,
die auf große Termine zugehen,
die Abschlussprüfungen zu bestehen haben
oder ihren Ruhestand beginnen,
Für alle, die sich verlieben werden,
die heiraten oder ein Kind erwarten.

Für alle bitte ich,
die mit großen Sorgen
in ihre Zukunft blicken,
die schon lange keine Arbeit mehr haben,
für alle, deren Arbeitsplatz gefährdet ist.

Besonders bete ich für alle,
die krank sind an Leib oder Seele,
und für alle, die Lasten tragen,
über die sie nicht sprechen können,
für alle, deren Leben auch im neuen Jahr
niemanden interessiert.

Für sie alle bete und bitte ich
und danke schon jetzt für die Menschen,
die in diesem neuen Jahr wieder

für uns da sein werden,
die uns Mitmensch und Engel sind.

Gott segne und behüte uns alle
im neuen Jahr.

VOR GOTT –
FÜR MENSCHEN

VOR GOTT – FÜR MENSCHEN

Das kleine Kreuz

Immer wenn wir als Kinder
das Haus verließen,
ob für den Schulweg
oder sonst wohin –
wenn's nicht gerade um die Ecke war –,
bekamen wir von unserer Mutter
ein Kreuz auf die Stirn gezeichnet.
Ohne große Worte,
ohne fromme Ermahnungen,
einfach nur dieses kleine Zeichen.

Es gehörte einfach dazu,
und wenn sie es mal im Trubel vergaß,
dann forderten wir es ein.
Aber das passierte selten.
Es war ein fester Ritus.

Für meine Mutter war es mehr:
Es war ihre stille Bitte an Gott,
dass sie uns gut wieder
zurückbekommen möge,
gesund und unversehrt.

Es war ihr Segen für unsere Wege.

Als wir älter wurden,
war uns das manchmal peinlich,
guckten wir, dass es keiner mitbekam:
ein Kreuz von der Mutter auf die Stirn!

Mittlerweile ist es für mich
eines der schönsten Zeichen geworden,
das ich selbst nutze, wo ich nur kann.
Nicht nur beruflich, als Pfarrer,
auch einfach so, bei Neffe und Nichte.

Was kann man jemandem
Besseres wünschen,
als dass sein Weg geschützt sein möge,
dass er oder sie gut behütet sei,
gesegnet von Gott her?

Das wünsche ich uns allen.
Ob wir glauben oder nicht,
ob wir uns sympathisch sind
oder uns lieber aus dem Weg gehen,
ob wir uns kennen oder fremd bleiben.

Gott segne alle,
die zu uns gehören,
und alle,
denen wir begegnen werden.

KreuzAsche

Fasten heißt verzichten.
Aber nicht nur. Heißt auch:
nachdenken über sich
und über Dinge, denen man
gern aus dem Weg geht.

Ein Symbol dafür: die Asche.

„Kehr um und glaub an das Evangelium."
So heißt es,
wenn in den katholischen Kirchen
das Aschenkreuz ausgeteilt wird.

Es hält nicht lange,
das Kreuz auf der Stirn,
aber das Wort, das damals gesagt wurde,
bleibt.

*„Bedenke, Mensch, dass du Staub bist
und zu Staub wieder zurückkehrst."*

Das wird dabei gesagt.
Kein leichter Satz.
Wer lässt sich daran schon gern erinnern?
Dass man wieder Staub wird.
Ist aber so.

„Bedenke, dass du Staub bist",
heißt übersetzt:

„Leb jetzt, nimm die Zeit ernst,
die du hast,
verschieb nichts auf später.
Heute ist heute.
Jetzt kann es auf dich ankommen."

Und: „Nimm dich wichtig,
aber nicht *zu* wichtig.
Es dreht sich nicht alles um dich."

„Kehr um und glaub an das Evangelium."

Ein kleines schwarzes Kreuz
auf der Stirn,
aus Asche.
Es erinnert mich an den,
der differenzieren konnte.
Für den es nicht *die* Menschen gab,
sondern ganz konkrete, einzelne.
Der auch dem letzten Chaoten
immer noch eine Chance gab.
An Jesus, den sie dafür aufs Kreuz
gelegt haben.

Die Fastenzeit leben heißt,
daran denken und deshalb verzichten
auf Überflüssiges: dumme Sprüche,
schnelle Antworten ohne nachzudenken.

Nüchtern werden
im wahrsten Sinne des Wortes,
die Sinne schärfen.
Hellwach sein für das,
was um mich herum passiert.

Fasten heißt verzichten,
heißt leiser werden,
behutsamer mit sich
und anderen.

Differenzieren,
sich nicht von Stimmungen leiten lassen,
nicht allem nachplappern,
das ist Originalton Jesu:

„Kehr um und glaub an das Evangelium."
Das kleine Kreuz
vom Aschermittwoch
bleibt unsichtbar
auf meiner Stirn.

Harte Schale

Fasten heißt verzichten.
Aber nicht nur. Heißt auch:
nachdenken über sich
und eigene Härten.

Ich erinnere mich an eine Hochzeit.
Ich geh ans Kirchenportal,
hole das Brautpaar ab.
Das Bild der beiden
steht noch deutlich vor mir.
Besonders *sein* Auftritt:
Lässig, mit Zigarette ...
breitbeinig,
die Hände in den Hosentaschen,
ein cooler Typ.
„Mich kann nichts erschüttern."

Ich begrüße beide,
er nimmt – freundlicherweise –
die Zigarette aus dem Mund
und stellt sich in Positur.

Man sieht ihm an,
dass er der Zeremonie
nicht gerade begeistert entgegenblickt.
Nicht weil es zwischen den beiden
nicht stimmt, sondern, na ja,
Gefühle, solche Stimmungen,
das ist nicht seine Sache.

Sein Blick, ein einziges:
„Komm, lass uns anfangen,
mach deine Sache,
und dann ist es gut!"

Das kann ja wunderbar werden,
denke ich.
Die Trauung beginnt.
Musik, festlicher Rahmen, das Übliche.
Dann das Eheversprechen.
Die Braut spricht mit festen Worten:
Ich nehme dich an ... und so weiter,
steckt ihm den Ring an den Finger,
strahlt.

Und dann er: Der Eisberg schmilzt.
Nix mehr mit lässig,
ganz und gar uncool,
er kann die Tränen nicht zurückhalten.
Das Abbild gefühlskontrollierter
deutscher Männlichkeit
schluchzt mit Mühe und Not seinen Text,
löst sich fast in Rührung auf.

Hätte niemand gedacht.
Nicht nur ich kann mir
ein Schmunzeln kaum verkneifen.
Die Atmosphäre der Trauung
hat sich völlig verändert.
Was wie eine Schwäche aussah,
ist Stärke und macht den Kerl
sympathischer als vorher.
Menschlicher, empfindsamer.

Wo Menschen auch auf diese Weise
ihre Masken abnehmen,
da ist für mich Gott.
Ein im wahrsten Sinne
„herzliches" Tauwetter,
das Menschen freilegt.

Die Fastenzeit leben heißt auch:
den Panzer ablegen.
Härten ablegen.
Gefühle zeigen.
Berührbar sein.

Selbstlos

Fasten heißt verzichten.
Aber nicht nur. Heißt auch:
nachdenken über sich
und über sich hinaus.

Max Frisch,
der berühmte Schweizer Schriftsteller,
hat elf Fragebögen hinterlassen.
Zwischen 1966 und 1971
sind sie entstanden.
In ihnen stellt er nichts anderes
als eben Fragen
und überlässt dem Leser die Antwort.

Die erste Frage ist: „*Sind Sie sicher,
dass Sie die Erhaltung des
Menschengeschlechts, wenn Sie und
alle Ihre Bekannten nicht mehr sind,
wirklich interessiert?
Und wenn ja, warum.
Stichwörter genügen.*"

Die Frage hat es in sich.
Mit Nein zu antworten,
ist am einfachsten.
Soll doch kommen, was da kommen will.
Nach mir die Sintflut.
Mit Ja zu antworten, ist schon schwieriger ...

Einer meiner Religionslehrer hat uns
einmal gesagt, Christ sein hieße,
so zu leben, als würde es den Himmel
vielleicht doch nicht geben.
Also Nächstenliebe,
Bewahrung der Schöpfung,
Barmherzigkeit einfach so zu leben,
auch ohne die Aussicht,
dass es mir irgendwann mal was bringt.
Dass ich belohnt werde.

Ich war damals als Jugendlicher
ziemlich erschrocken, aber heute
weiß ich, dass die Provokation
unseres Reli-Lehrers ähnlich war
wie die der Frage von Max Frisch.
Es geht um den Tanz ums Goldene Ich
und darum, dass nichts, was ich jetzt tue,
ohne Folgen bleibt, hier und für später.
Daraus erwächst ein Interesse am
Fortgang der Welt,
auch wenn ich nicht mehr im Rennen bin.

Die Fastenzeit leben heißt:
über sich hinausdenken lernen.
Sich als Teil der Schöpfung sehen.
Nicht als Krone.

Sich verantwortlich fühlen.
Vor Gott. Für Menschen.

Streiten

Fasten heißt verzichten.
Aber nicht nur. Heißt auch:
nachdenken über sich
und streiten können.

Kinder können das.
Zum Beispiel Kristin.
Ihr gefiel es gar nicht, als ich
vor einigen Jahren nach Saarbrücken zog.
Damals war sie acht Jahre alt.
Und eine meiner tüchtigsten
Messdienerinnen.
Meinen Abschied aus der Pfarrei
in eine neue Aufgabe
hätte sie gern verhindert.
Immer wieder bekam ich Post.
An einen Brief erinnere ich mich
noch genau.
Er enthielt eine Hiobsbotschaft:
Ihr Pferd war plötzlich gestorben.
Eine Welt ging unter.

Sie schrieb deutliche Worte:
„Ich bin ganz schön sauer auf
den lieben Gott.
Er hat mir schon vieles genommen,
was ich besonders lieb hatte.
Meinen Hasen, dann sind Sie weg
und jetzt noch das Pferd."

Das klingt lustig,
so wie vieles aus Kindermund.
Aber Kristin war wirklich sauer,
stinksauer auf den lieben Gott.
Das passte nicht in das Bild,
das man ihr beigebracht hatte.
Wieso soll ein Gott lieb sein,
der ihr Pferd und den Hasen sterben lässt
und dann auch noch den Pfarrer versetzt?

Diese Beziehung zu Gott ist lebendig.

Mit Gott hadert man nicht,
man zweifelt nicht,
was Gott tut, das ist wohlgetan,
so wurden die Älteren erzogen.

Aber mit Gott streiten,
das fällt doch schwerer.
Und trotzdem:
Gerade damit nehme ich Gott ernster,
als wenn ich immer nur Ja und Amen sage.

Gott ist zu kantig,
zu rätselhaft,
zu undurchdringlich,
als dass ich mit allem
einverstanden sein könnte.
Mit Gott sprechen, streiten,
heißt glauben, dass er existiert.

Mit Schatten kämpfe ich nicht.

Und je heftiger der Streit,
umso wichtiger ist Gott mir.
Es ist wie mit Menschen,
die mir ans Herz gewachsen sind,
mit denen ringe ich ja auch.
Weil sie mir wichtig sind
und mir nicht völlig egal ist,
was sie machen.

Die Fastenzeit leben heißt:
sich erinnern,
dass wir Gottes Ebenbilder sind.
Vor ihm mit Würde stehen.
Sich nicht kleiner machen,
als er es je wollte.

VOR GOTT – FÜR MENSCHEN

Siebenundsiebzig Mal

Nicht sieben Mal,
sondern siebenundsiebzig Mal
sollst du vergeben.
So steht es im Evangelium.
Jesus hätte auch gleich sagen können:
Immer.
Ein verdammt hoher Anspruch.

Ich denke an den kleinen Andreas,
vor einigen Monaten streute er Blumen
bei der Hochzeit eines Freundes.
Seine Großeltern wurden vor einiger Zeit
heimtückisch ermordet.

Soll man ihm, dem Enkel,
später, wenn er größer ist,
zumuten zu vergeben?
Einfach so?
Kann er das, er oder seine Mutter,
die auf so schreckliche Weise
ihre Eltern verlor?

Wie soll das gehen, Jesus,
wie soll das gehen?

Ich lese nochmals,
was Jesus über das Vergeben sagt.
Er ist radikal, keine Frage,
aber ich glaube nicht, dass Jesus

es sich so einfach vorstellte,
das Vergeben.
Er hat wohl gewusst,
wie schwer das sein kann.
Wie unmöglich vielleicht.
In diesem Leben.

Das macht man nicht mal so,
vergeben und vergessen,
Schwamm drüber.

Klar kann das auch sein,
nach kleinen Reibereien,
den unausweichlichen Sticheleien im Alltag,
den ganz gewöhnlichen kleinen Bosheiten.
Einsehen, aussprechen, Schwamm drüber.
Das ist dann ganz okay so.

Aber sicher nicht da, wo Wunden,
tiefe Wunden, geschlagen wurden.
Wo das Leben ganz anders weitergeht.

Ich bin sicher, Jesus wusste –
ich bin sicher, Gott weiß –,
dass vieles seine Zeit braucht,
dass einiges passieren muss,
nach manchen Verletzungen,
bevor der Handschlag echt ist,
die Brücke über den Graben
gebaut werden kann.
Dass viel Zeit,
sehr viel Zeit notwendig ist,
um sich wieder in die Augen zu schauen.

Gott urteilt bestimmt nicht,
wenn ich es mal nicht schaffe.
Wir sind Menschen,
Gott weiß das.

Was er will, ist,
dass ich mich zumindest
immer wieder darum bemühe.

Und versuche,
über meinen Schatten zu springen.

... was ihr getan habt

*„Was ihr für einen meiner geringsten
Brüder und Schwestern getan habt,
das habt ihr mir getan."*
So steht es im Matthäusevangelium.
So wird uns Jesu Wort und Anspruch
überliefert.

*„Ich war hungrig,
und ihr habt mir zu essen gegeben."*
Seelsorge ist auch Leibsorge.
Von Worten allein wird niemand satt.
Die Hilfswerke der Kirchen
suchen Not zu lindern.
Der Euro, den ich in der Fußgängerzone
gebe, ist nicht immer nur für Alkohol.
Und wenn, lieber etwas zu viel
gegeben, als einmal zu wenig.

*„Ich war durstig,
und ihr habt mir zu trinken gegeben."*
Durst ist nicht immer nur
die Abwesenheit von Wasser.
Man kann alles haben, ohne zu leben.
Ohne davon erzählen zu können.
Die Selbstgespräche helfen nicht.
Die Nähe nur, in ihren vielen Formen.

„Ich war nackt,
und ihr habt mir Kleidung gegeben."
Mir damit meine Würde gelassen.
Mein ganz Privates.
Sich schämen müssen, ist das Schlimmste.
Kleidung geben heißt schützen,
Respekt vor ganz Persönlichem,
vor dem, was einem heilig ist.

„Ich war fremd,
und ihr habt mich aufgenommen."
Wie viele bleiben ihr Leben lang
„Zugereiste", selbst wenn sie früher
nur drei Orte weiter wohnten.
Eingeborene mit Dünkel gibt es reichlich.
Kein Wunder, dass die wirklich Fremden,
die uns andere Kulturen bringen,
es nicht leicht haben.

„Ich war krank,
und ihr habt mich besucht."
Einfach so, oft wortlos, aber ihr wart da.
Die Angst überwinden,
am Krankenbett zu sitzen,
die Ausreden nicht gelten lassen,
man könne ja doch nichts tun
oder man störe nur
oder später wäre vielleicht besser.

Medizin heilt.
Menschen auch.

VOR GOTT – FÜR MENSCHEN

Zehn Gebote

Jetzt gibt es schon
Zehn Gebote der Schuhpflege.
Hab ich beim Schuhkauf bekommen:
nützliche Hinweise,
kurz zusammengefasst.

Wenn man etwas noch aus dem
Religionsunterricht behalten hat,
dann die Zehn Gebote.
Zumindest die Überschrift.
Beim Inhalt wird's dann schon
ein bisschen schwieriger.

Jeder, der in der Fastenzeit einen
katholischen Gottesdienst besucht,
bekommt ein bisschen Nachhilfe.
In einer der Lesungen werden sie
vorgetragen.
Eine gute Erinnerung in dieser Zeit.
Kurz gefasst heißt es da:

Gott spricht: Ich bin der Herr, dein Gott.

Erstens: *Du sollst keine anderen Götter neben mir haben.*
Das meint: Denk nach,
an wen du dein Herz hängst.
Lass dich nie von Nebensächlichkeiten
und Dingen so bestimmen,

dass sie dich beherrschen.
Wie man sich bettet, so liegt man.

Zweitens: *Du sollst den Namen Gottes nicht verunehren.*
Das meint: Sprich nicht so schnell von Gott,
wie von etwas Banalem.
Sei sparsam und überleg genau,
wenn du Seinen Namen nennst.

Drittens: *Gedenke, dass du den Sabbat heiligst.*
Das meint: Gott hat nicht ohne Grund
einen Ruhetag eingeplant.
Halte ihn ein, gönn dir Atempausen
und vergiss nicht, wer dich geschaffen hat.

Viertens: *Du sollst Vater und Mutter ehren.*
Gut, wer seine Eltern aus ganzem Herzen
lieben kann,
Respekt, wer bei schwierigen Beziehungen
es schafft, sie zumindest zu achten.

Fünftens: *Du sollst nicht töten.*
Auch nicht in Gedanken.
Gott ist Herr über Leben und Tod.
Niemand sonst.
Und Rache steht keinem Menschen zu.

Sechstens: *Du sollst nicht ehebrechen.*
Kämpf um deine Liebe.
Auch im Herbst,
auch im Winter.

Siebtens: *Du sollst nicht stehlen.*
Das meint nicht nur die Obergauner
und die Taschendiebe.
Das meint auch das Verschweigen,
das Retuschieren und den Ideenklau.

Achtens: *Du sollst kein falsches Zeugnis
geben wider deinen Nächsten.*
Mobbing ist keine neue Erfindung.
Nichts kann so verletzend sein
wie vergiftete Worte.

Neuntens: *Du sollst nicht begehren
deines Nächsten Frau.*
Oder in der Fassung für Frauen:
deiner Nächsten Mann.

Und zehntens: *Du sollst nicht begehren
deines Nächsten Hab und Gut.*
Meint: Neid ist oft der Anfang.
Man sieht immer nur das, was nicht ist,
und vergisst, was man hat.

Das sind sie.
Die Zehn Gebote.

Ausländer raus

Die Erdkugel ist
hervorragend fotografiert.
Aus dem Weltraum.
Man erkennt die Kontinente.
Ein bunter Ball im Weltall.
Darüber ein kurzer Satz.
Prägnant und oft gehört:
„Ausländer raus".

Das braucht man nicht mehr zu
kommentieren, sondern nur noch
an die Wand zu hängen.
Der Schrei der Erde: „Ausländer raus".
Wahrscheinlich hat sie uns bald satt.
Mit unserem kleinlichen
nationalen Gehabe.

Wir sind ein fremdenfreundliches Land,
sagen Politiker verschiedenster Couleur.
Manchmal aus Überzeugung,
manchmal je nach Auskunft
der Marktforschung.
Aber eine Prise Ausländerkritik
ist doch höchst opportun,
um Wahlen zu gewinnen.

„Wehret den Anfängen",
sagt mir eine Achtzigjährige.
Sie weiß genau, warum.

Mathilde Baez heißt sie,
und sie ist nicht irgendjemand,
sondern die Schwester von Willi Graf.
Er gehörte zur Weißen Rose,
ist nach den Geschwistern Scholl
von den Nazis hingerichtet worden.

Auf die Frage:
Was würde Ihr Bruder heute tun?,
antwortet sie, ohne viel nachzudenken:
„Vor der Ausländerpanikmache warnen,
sich gegen die Fremdenfeindlichkeit
wehren."

Ausländerunfreundlichkeit fängt nicht an
mit den brutalen Schlägen
deutscher Hooligans.
Sie fängt an in den Köpfen
und mit leichtfertigen Sprüchen.

Als Christ habe ich meine Identität
als Inhaber eines Passes
und einer Geschichte.
Aber vor allem als Geschöpf eines Gottes.

Vor dem es nur ein einziges Volk gibt.
Nämlich seines.

Abu Shauki

Unser Koch hieß Abu Shauki,
stammte aus Gaza
und versorgte uns Jerusalemer Studenten
jeden Tag mit arabischer Küche.

Zwanzig Jahre ist das jetzt her,
und wenn ich an diese Zeit zurückdenke,
sehe ich noch sein Bild vor mir.

Ein Jahr lang habe ich
auf dem Zionsberg
nahe der Altstadt Jerusalems
gelebt, studiert,
das Land kennen gelernt.

Wir waren eine bunte Truppe,
Studenten beider Konfessionen,
wir lebten unter einem Dach,
Beit Joseph hieß es,
diskutierten,
stritten auch mal,
lernten uns aber besser kennen.

Vorurteile bleiben nur,
wenn man Augen und Ohren zuhält.
Das ging dort nicht.

Wir begriffen,
dass uns weit mehr verbindet als trennt,

respektierten die Traditionen der anderen.
Und gemeinsam die anderer Religionen.

Deswegen erinnere ich mich
an Abu Shauki.

Jeden Morgen um fünf
hörte ich ihn auf dem Dach
seine Morgengebete sprechen.

Sein Gebetsteppich in der Küche
gehörte dazu wie alles andere.

Im Ramadan fastete er streng.
Für einen Koch nicht gerade einfach:
nichts essen,
nichts trinken,
den ganzen Tag.

Zum Abschmecken mussten wir
einspringen.
Wir beschrieben den Geschmack,
er würzte nach.
Keine Ausnahme.
Fasten war Fasten.

Ich weiß noch,
dass wir damals über Khomeini sprachen,
über radikale Moslems,
über Islam und Gewalt.
Und ich erinnere mich,
dass er dann sehr ernst wurde.

Ein Verrat sei das
an seiner Religion,
das habe Mohammed nicht gewollt.

An einem Sonntagmorgen
war ich unterwegs zur Messe.
Ich holte mir in der Küche
noch schnell einen Schluck Wasser.

Abu Shauki zeigte auf
seinen Gebetsteppich:
„Ich hab jetzt mein Gebet
hier in der Küche,
du in der Kirche."

Und dann der Satz,
den ich wohl immer mit ihm
verbinden werde:

„Believe me,
it's the same God."

„Glaub mir,
es ist der gleiche Gott."

VOR GOTT – FÜR MENSCHEN

Apartheid*

Weil sie arabisch aussahen,
wollte niemand mit ihnen fliegen.
Die Passagiere einer amerikanischen
Fluggesellschaft weigerten sich,
die Maschine zu betreten,
es sei denn, man hindere zwei Personen
mitzufliegen.

Kein gutes Zureden half,
die Fluggesellschaft gab nach,
die beiden wurden umgebucht.

Sie hatten amerikanische Pässe,
lebten seit Jahren im Land.
Verstanden die Welt nicht mehr.

Ich lese das in der Zeitung,
erschrecke und denke mir,
wie groß muss die Angst sein.
Nach dem 11. September.

Dann ärgere ich mich
über die Intoleranz,
die Bestrafung Unschuldiger,
die neuen Schablonen.

Die neue Apartheid.

Wieso macht man es sich so einfach?

* 21. März: Internationaler Tag zur Beseitigung der Rassendiskriminierung

Nicht jeder Araber ist ein Muslim,
nicht jeder Muslim ist radikal,
erst recht nicht jeder ein Terrorist.

Ich schüttle den Kopf
und lege die Zeitung beiseite.

Später in der Straßenbahn
ertappe ich mich.
Drei arabisch aussehende Männer
unterhalten sich,
ich muss immer wieder hinschauen.
Was bereden die, denke ich.
Immer wieder schaue ich hin.
Hätt' ich früher nie gemacht.

Als mir aufgeht, was ich da tue,
erschrecke ich noch mehr
als zu Hause.

So was kenn ich nicht von mir,
wie schnell das geht.
Das kann doch nicht wahr sein!

Ich werde etwas kleinlauter,
eben noch hab ich über
andere den Kopf geschüttelt.
Jetzt könnte ich es über mich selbst.

Misstrauen wäre der größte Sieg,
den das Böse, egal, wo es herkommt,
unter uns erringen könnte.

Das Ende der offenen Gesellschaft,
die alltägliche Verdächtigung
als Sicherheitsgarantie.
Gott bewahre!

So lang ich mich noch erschrecke
und diese Gefahr sehe,
erliege ich ihr nicht.

Hoffentlich nie.

Tobias

Tobias ist vier Jahre alt.
Einmal schaute er ein Video
mit der Biene Maja
und quengelte danach,
noch eines sehen zu wollen.

Aber Papa sagte Nein.
Obwohl der beim Fernsehen arbeitet.
Tobias hätte jetzt eine Folge gesehen,
das würde für heute reichen,
und außerdem könne man
bei dem Wetter besser draußen spielen.
Schluss, der Kasten wird
erst morgen wieder angemacht.

Tobias war damit
ganz und gar nicht einverstanden.
Er probierte es erst auf die sanfte Tour,
aber als die „Bitte, bitte"-Nummer
nicht zum Erfolg führte,
baute er sich vor seinem Vater auf
und sagte mit todernster Miene:
„Vater" – nicht *Papa*, nein: *Vater* –,
„bis jetzt hatte ich eine
glückliche Kindheit."

Dem Papa verschlug's die Sprache.
Er weiß bis heute nicht,

wo Tobias diese Formulierung
aufgeschnappt hatte.

Jedenfalls wusste der Kleine
alle Register zu ziehen,
um an sein Ziel zu kommen.
Leider umsonst.

Meine Eltern erinnern sich auch noch
an einige Affentänze,
die ich aufführen konnte,
wenn der Kasten ausgemacht wurde.
Vater und Mutter ehren,
das vierte Gebot,
war dann in meinen Gedanken
nicht gerade en vogue.

Aber heute bin ich ihnen dankbar.
Fernsehen war für uns so was wie
ein Hauskino,
mit bestimmten Vorstellungen,
mit festen Zeiten.
Warten und Vorfreude gehörten dazu.

Und es diente nicht zum Ruhigstellen,
weil die Eltern keine Lust
oder keine Zeit zum Spielen hatten.

Jeder Grundschullehrer weiß
am Montagmorgen,
wie seine Kinder das Wochenende
verbracht haben.

Was wir als Kinder erfahren,
prägt uns das ganze Leben.
Dazu gehören auch Grenzen.
Und die Erfahrung,
mit einem Nein
leben zu können.

Ohne dass damit
die Welt untergeht.

Erster April

Am 1. April
schickt man die Narren,
wohin man will.

So heißt es,
und so macht man es.

Auf den Arm nehmen,
jemanden zum Besten halten,
an der Nase herumführen,
das kann man das ganze Jahr über.
Aber am ersten April macht's
besonders viel Spaß!

Meine Lieblingswaffe,
natürlich vor ISDN-Zeiten,
war das Telefon.
Verstellte Stimme, anderer Name,
und schon liefen meine Opfer
von Pontius zu Pilatus,
wie es so schön heißt.

Das Datum 1. April
hat Tradition.
So liest man in alten Kalendern:
Schon die Römer
hätten um diese Zeit
ein Narrenfest gefeiert,

und auch in Indien
gibt es eine alte Tradition.

In Deutschland gibt es
das Aprilschicken
seit dem Dreißigjährigen Krieg.
Ursprünglich sei es ein Spaß
der Erwachsenen und
Überlegenen gewesen.
Väter haben ihre Kinder,
Meister ihre Lehrlinge und
Herren ihren neu eingestellten Knecht
in den April geschickt.

Dazu gehörte zum Beispiel,
nach gedörrtem Schnee zu suchen,
Hühnergräten zu besorgen
oder ungebrannte Asche
aus dem Nachbardorf zu holen ...

Verstehen Sie Spaß
ist eine uralte Idee.
Und Fantasie, jemanden
ins Bockshorn zu jagen,
gibt's auch heute noch genug.

In Frankreich sagt man,
am 1. April sei Judas geboren,
und wegen ihm habe der Satan
Gewalt über die Welt.
Dem Teufel aber sei
nur durch Narren beizukommen,
denn Scherze verscheuchen das Unheil.

Schöne Legende.
Den Teufel durch Lachen auszutreiben,
ihm eine Nase zu zeigen,
sich über ihn lustig zu machen,
heißt, dem Dunkeln durch Heiterkeit
und Lebenslust in die Parade zu fahren.

Das heißt, nicht alles so bitterernst sehen
und über sich selbst lachen können,
auch wenn man reingelegt wurde.

Humorlosigkeit, schlechte Laune
und verkrampfter Ernst sind oft
der Anfang allen Übels.

Also, Fantasie einschalten,
Schalk in den Nacken,
und ran an den Teufel!

FESTTAGE SIND KRAFTMOMENTE

Mission impossible

Das Plakat war nicht zu übersehen.
Überall in der Stadt hing die Werbung:
Ein junger Mann,
schwebend, schwerelos,
er schreibt auf einem Computer.

Die Überschrift:
Karfreitag 20.15 Uhr
Mission impossible,
und dann darunter:
Spannende Ostern.
Mit ProSieben natürlich.

Jedes Mal, wenn ich daran vorbeifuhr,
ärgerte es mich.
Mission impossible.
Ein unmöglicher Auftrag.
Ein amerikanischer Agententhriller
am Karfreitagabend.
Armes Christentum.

Dann irgendwann machte es klick!
Mission impossible –
Ein unmöglicher Auftrag.
Das ist doch genau das,
was wir feiern!
Den eigentlich völlig unmöglichen Auftrag
des Jesus von Nazaret.

In die Welt kommen,
durch die Nebentür,
nicht durchs Hauptportal,
keine göttlichen Privilegien
in Anspruch nehmen,
sondern Mensch werden,
mit allem Drum und Dran,
mit Kopfschmerzen und Grippe,
persönlichen Freundschaften
und Familienstress.
Mit Lachen und Weinen,
mit allem Drum und Dran.
Nach dreißig Jahren dann
sagen, was gesagt werden musste,
sein Evangelium.

Den Menschen sagen,
dass es Gott gibt,
wirklich,
und dass sie keine Angst haben brauchen,
sich vor ihm nicht fürchten müssen.
Egal, was man ihnen früher
eingetrichtert hat.
Dass es niemanden gibt,
den Gott nicht kennt.
Dass jeder vor ihm einen Namen hat.

Den Menschen sagen,
dass Gott keine Berührungsängste hat,
sich mittendrin und an den Rändern
wohl fühlt,
dass es ihn nicht interessiert,
zu was du es gebracht hast,
sondern wie du lebst, wo du lebst.

Den Menschen sagen, dass Gott weiß,
wie leicht man auf die Schnauze
fliegen kann,
mit Tempo, mit Karacho,
wie schnell man in die falsche Richtung
rennen kann, sich selbst verlierend,
wie es immer wieder passiert,
dass man nur noch um sich selbst tanzt,
schuldig wird.

Gott weiß das
und hält zu uns.

Davon hat Jesus erzählt.
Das war sein Auftrag, seine Mission.
Nein, nicht *war*,
das ist sie immer noch.

FESTTAGE SIND KRAFTMOMENTE

Ostern

Fürchtet euch nicht!
Das ist schlicht die Osterbotschaft.
Mit diesen Worten spricht der Engel
die Frauen am Grab an.

Fürchtet euch nicht!
Mit diesen Worten grüßt sie
Jesus selbst.

Und dieser Wunsch gilt allen,
die in all den Jahrhunderten
immer wieder die Botschaft
der Auferstehung gehört haben.
Denn die Angst und die Furcht
sind ja nicht weniger geworden.
Die Schrecken, die Katastrophen auch nicht.
Das diesjährige Ostern weiß auch darum.
Zu viele Opfer von Terror und Krieg
beklagen wir.

Und dann diese Botschaft:
Fürchtet euch nicht!

Kann das wirklich wahr sein?
Von den Toten auferstehen?
Es wäre doch zu schön.
Wenn man's nur richtig glauben könnte!

Der Zweifel wohnt direkt
neben unserem Halleluja.

Die Osterkerze,
Zeichen für Christus,
Zeichen der Auferstehung,
wurde in der Osternacht
neu entzündet.

Doch die alte vom letzten Jahr –
wie oft hat sie gebrannt,
wenn wir es gar nicht gerne
gesehen haben.
In den Trauergottesdiensten,
wo sie Hoffnung geben sollte,
da, wo es keine richtigen Worte
mehr gibt.

Fürchtet euch nicht.
Ich bin der Weg,
ich bin Wahrheit
und ich bin Leben,
sagt Christus.

Seid ohne Angst.
Das ist so leicht gesagt.

Die großen Momente im Glauben,
wo es uns gut geht
und alles im Licht erscheint,
diese Festtage sind Kraftmomente.

Einmal wie Petrus aufs Wasser zu springen,
im Moment der klaren Überzeugung,

das mag ja noch angehen,
aber sich ein ganzes Leben lang
dann auf dem Wasser zu bewegen
und keine Angst zu haben,
nicht mehr getragen zu sein:
das ist viel, viel schwerer.
Petrus schafft das noch nicht mal
ein paar Minuten.
Liegt im Wasser und strampelt.

Und das können wir uns
immer wieder sagen –
wenn es uns schwer fällt,
aus ganzem Herzen an Ostern zu glauben:

Erst die Schwäche,
erst das Zugeben ihrer Schwäche
hat die großen Heiligen groß gemacht.

Und sie haben genau diesen Satz
gebraucht,
wie wir alle,
in unseren unterschiedlichsten
Lebensformen und Situationen:
Fürchte dich nicht.

Das ist Ostern.

Julia

Die Begeisterung war ihr
ins Gesicht geschrieben.

Als die kleine Julia
nach der Osternacht
ihrer Oma erzählte,
was sie alles erlebt hat,
strahlte sie über beide Backen.

„Das war ganz toll",
sagte sie,
„dauernd haben alle gerufen:
Hallo Julia!"

Na ja, klingt ja auch
fast wie Halleluja.
Fast.

Ich habe das natürlich
am anderen Tag
in der Messe erzählt
und die Leute haben
sich ebenso amüsiert.

Der Osterwitz,
das ist alte Tradition,
das Lachen am Ostermorgen
soll daran erinnern,
dass Ostern wirklich

ein Fest ist,
über das man sich freuen kann.
Und das nicht nur im Kopf stattfindet.

Der ganze Mensch soll begreifen,
was Ostern heißt:

Christus hat den Tod besiegt,
jedenfalls den,
der uns endgültig vernichten könnte.
Das Grab ist nicht die letzte Station
des Menschen.
Das kann gefeiert werden.

Die strenge Fastenzeit ist vorbei,
keine traurigen Lieder mehr,
jetzt wird gefeiert:
Ostern ist halt das wichtigste
Fest der Christen.

Nicht nur das Ostereiersuchen
erinnert daran,
dass Ostern
das Fest des Lebens ist.

Des ewigen
und des ganz alltäglichen.

Osteroktav

Die Woche nach Ostern,
bei uns Christen heißt sie Osteroktav,
ist wie ein fortwährendes
Wiederholungszeichen.

Eine Woche wird Ostern gefeiert.
So, als sollte in dieser Woche
jeden Tag unterstrichen werden,
dass es stimmt,
was die Osterbotschaft am
letzten Wochenende verkündet hat:

Fürchtet euch nicht,
der Tod ist nicht die letzte Grenze.

Er wird eine bleiben, klar,
niemand weiß, wie das sein wird:
Himmel, ewiges Leben.
Selbst Jesus sagt uns nicht genau,
wie das aussehen soll.

Es bleibt die letzte
Überraschung Gottes mit uns.
Aber es wird sie geben.
Das glaube ich,
das hoffe ich,
auch wenn ich es mir selbst
auch immer wieder
von anderen sagen lassen muss.

„Fürchtet euch nicht",
hieß es in der Osternacht.

Der Sprung ins Ungewisse,
das Vertrauen in Gott
ohne letzten Beweis,
das ist das Risiko,
das wir Glauben nennen.
Wir haben durch Christus
Gottes Versprechen,
dass wir nicht ins Leere fallen.

Fürchtet euch nicht!
Gott will unser Leben,
unser ewiges Leben,
aber eines, das in seinem Sinne
schon jetzt beginnt.
Gott hat eine Idee von uns,
wie wir sein sollen,
wir sein könnten.
An uns und unserer Freiheit liegt es,
dieser Idee ähnlicher zu werden.

Schaffen werden wir das hier eh nie.
Heilige sind selten.
Aber die Chance,
menschlicher zu werden,
die gibt es jeden Tag.

Manche Steine können so
weggeräumt werden.
Steine, die vor selbst gemauerten
Gräbern liegen.

Durch ein Wort,
durch ein Lachen,
durch ein Weinen.

Es werden immer Bruchstücke sein.
Anfänge.
Vollenden wird nur einer:
Gott selbst.

Bis dahin ist Zeit.
Unsere Zeit.

Thomas

Einer der verkanntesten Heiligen
ist wohl der Apostel Thomas.
Während die anderen Apostel
kräftig an den Auferstandenen glauben,
fordert er Beweise.

Er kann nicht so einfach glauben,
dass das wahr sein soll,
Jesus sei von den Toten auferstanden.
Sein Zweifel hat sich über
die Jahrhunderte erhalten.
Das sollen sie mal beweisen,
die Christen,
das mit dem ewigen Leben ...

Wer zweifelt, sucht,
und deshalb gehört das auch dazu.

Im Freiburger Münster findet sich
dazu ein anschaulicher Beweis.
Vorne in der Kirche gibt es Statuen
an den Säulen.
Sie stellen die Apostel dar.
Der Jesusfigur am nächsten
stehen nicht die Stars,
nicht die großen Apostel,
nicht Petrus oder Johannes.
Ihm am nächsten steht
eben dieser Thomas, der Zweifler,

der so genannte Ungläubige,
der von den Frommen
so oft geschmäht wurde.

Der Künstler und seine Auftraggeber,
sie wussten warum:

Einmal nur,
einmal nur einen Beweis
mit den Händen greifen können,
sein Gesicht sehen dürfen,
ein einziges Mal nur Klarheit haben.

Natürlich, selig sind die,
die nicht sehen und doch glauben.
Aber die anderen gehören auch dazu.

Sie ist bunt, die Gesellschaft,
die Jesus um sich schart.
Nicht geklont,
einzigartig,
jede und jeder eine eigene Idee Gottes.
Mit der Begabung zur Höhe
und der Freiheit zum Fall.

Unterwegs
auf der Suche
nach der Wahrheit,
die wir Gott nennen.

FESTTAGE SIND KRAFTMOMENTE

HöchstPersönlich

Es war an einem Pfingstsonntag,
ich glaube, es ist fünf Jahre her.
Damals war ich Pfarrer in Bad Kreuznach.

Mit Messdienern, Kerzen und Weihrauch
zog ich feierlich in die Kirche ein.
Die Orgel brauste wie der Sturm
aus der Pfingstgeschichte.
Die Leute sangen,
jeder, wie er konnte.

Im Altarraum angekommen sah ich sie,
oben auf dem Sims über dem Hochaltar.
Sie saß da,
ruhig, abwartend,
als sei dies das Selbstverständlichste
von der Welt.

Eine Taube,
eine fast schneeweiße Taube.

Ich ging zum Mikrofon,
begrüßte die Gemeinde
und sagte, nun sei es wohl endgültig klar,
dass unsere Nikolausgemeinde
bedeutend und wichtig sei.
Wenn schon der Heilige Geist,
höchstpersönlich,
an unserer Pfingstmesse teilnähme!

In Gestalt einer Taube,
wie man es von Bildern her kennt.

Ich verbeugte mich schmunzelnd
und begrüßte den Heiligen Geist
als Ehrengast.
Im gleichen Moment breitete er,
die Taube, meine ich,
also: sie breitete ihre Flügel aus,
schwang sich vom Sims und drehte
eine Ehrenrunde durch die ganze Kirche.
Eine einzige sehr majestätische Runde.
Dann landete sie wieder an ihrem Platz
und blieb dort sitzen.
Während der ganzen Messe.

Die Gerüchte, ich hätte sie vorher
in die Kirche geschmuggelt,
quasi als „Pfingst-Gag",
ich glaube, die gibt's heute noch.
Hab ich aber nicht.
Ehrlich.

Nüchtern besehen
stand einfach ein Fenster offen.

Mir wird dieses Pfingsten
unvergesslich bleiben.
Weil der Heilige Geist wirklich
in Gestalt einer Taube da war?
So naiv bin ich nun auch nicht.
Aber er war da.
Nur anders, deutlicher.

Die Leute amüsierten sich,
lachten oder lächelten zumindest.
Man lockerte die Krawatte.
Im übertragenen Sinn.
Die Taube hatte die Stimmung verändert.

Am biblischen Pfingstfest
rückten die Menschen zusammen.
An diesem Pfingsten auch.
Anders, als wir vorher gedacht hatten.

Ich glaube,
Gott hatte seinen Spaß an uns,
für einen Augenblick.

Weil man endlich mal
unseren Gesichtern ansah,
was wir mit unseren Liedern
und Gebeten sagen wollten.

FESTTAGE SIND KRAFTMOMENTE

Widerständig

Sein Grab besuche ich oft.
Hier sitze ich gerne.
Schon seit meiner Schulzeit
ist mir Willi Graf wichtig,
auch wenn ich ihn natürlich
nicht gekannt habe.

Der Gedenkstein, auf dem oft eine
weiße Rose liegt, sagt das Wichtigste:
„Willi Graf – Ein Kämpfer gegen die
nationalsozialistische Gewaltherrschaft in
der studentischen Widerstandsbewegung
Weiße Rose – hingerichtet am
12. Oktober 1943."

Wie er wurden auch die Geschwister Scholl,
Christoph Probst, Alexander Schmorell und
Professor Kurt Huber 1943 hingerichtet.
Sie hatten den Mut,
dem Tyrannen die Stirn zu bieten,
und haben dafür mit dem Leben bezahlt.

Ich weiß nicht,
ob ich die Kraft gehabt hätte,
ob ich aufgestanden wäre,
den Mund aufgemacht hätte,
das gelebt, was ich so oft
von der Kanzel lese:

*„… wer sein Leben verliert,
wird es gewinnen."*

Ich weiß es nicht.
Ich bin mir da nicht so sicher.
Ob ich den Mut gehabt hätte,
Flugblätter zu drucken und
unter die Leute zu bringen,
darin aufzuklären und
zum Widerstand aufzurufen.
Und zwar deutlich:

„… in einem Staat rücksichtsloser
Knebelung jeder freien Meinungsäußerung
sind wir aufgewachsen …
Eine Führerauslese, wie sie teuflischer
und zugleich borniert er
nicht gedacht werden kann,
zieht ihre künftigen Parteibonzen
auf Ordensburgen zu gottlosen,
schamlosen und gewissenlosen
Ausbeutern und Mordbuben heran,
zur blinden, stupiden Führergefolgschaft…"

So heißt es in einem Flugblatt.
Diese deutliche Sprache
haben die sich getraut.
Ich fand es immer sehr berührend,
wenn Willi Grafs ältere Schwester,
die ich noch kennen lernen durfte,
erzählt hat, dass sie das
nicht gekonnt hätte.
Jedenfalls nicht so.

Sie, die jetzt auch schon tot ist
begraben neben ihrem Bruder ,
hat gerne erzählt, dass ihre Mutter,
wenn sie auf die Straße trat
und pflichtgemäß mit Heil Hitler
begrüßt wurde,
im schönsten Rheinisch –
die Grafs stammen aus der Nähe
von Euskirchen – antwortete:
„Und Ihnen auch einen juten Tach."
Das waren die kleinen Widerstände
im Alltag.

Ich habe seine Schwester mal gefragt,
was Willi heute tun würde,
gegen was er heute opponieren würde,
und im Satz gemerkt,
wie blödsinnig diese Frage ist…
so als würde man
als Berufswiderständler geboren.
Die mutigen Demonstranten des
17. Juni 1953 –
des Arbeiteraufstands
gegen das kommunistische Regime
zehn Jahre später in Berlin –,
an die wir in der nächsten Woche
auch denken,
haben ja auch nicht vorher gewusst,
zu welchem Protest sie fähig wären,
um sich das Unrecht von der Seele
zu schreien.

Man weiß nie genau,
wann man gefordert wird.

„Jeder Einzelne trägt
die ganze Verantwortung…",
schreibt Willi Graf in einem seiner Briefe.

Warum ich das heute sage?
Weil wir in der Pfingstwoche sind –
und weil ich glaube,
dass kein Mensch so was
aus eigener Kraft schafft
und dass Gottes Geist immer noch
dazwischenfunken kann und
den Herren der Welt die Leviten liest
und vielen das Rückgrat stärkt
und den Mut gibt,
den Mund weit aufzumachen,
wenn es auf den Einzelnen ankommt.

„Seid stark und voller Gottvertrauen",
schreibt Willi Graf in
seinem Abschiedsbrief an die Familie.

Seid stark und voller Gottvertrauen!

SchattenSonne*

Ich liebe sie.
Die Sonne,
wenn sie ihre Schatten wirft.

Ein seltsames Spiel
von Licht und Dunkel,
Farbe und Form.
Ein eigener Rhythmus.
Sie färbt die Kälte.

*„Die Sonne geht auf
und erglänzt im vollen Licht,
ein staunenswertes Gestirn,
das Werk des Höchsten..."*
(JESUS SIRACH 43,2),
heißt es im Alten Testament.

Ich sehne mich nach der Sonne.
Ich brauche ihr Licht wie die Luft.
Verhüllt sie sich hinter Wolken,
verfinstere ich mich,
bin ich nicht gut drauf,
miesepetrig, kratzbürstig,
bisweilen fast unausstehlich.

Ich bin hungrig nach ihrem Glanz.

Gut erinnere ich mich
an einen nasskalten Tag ohne Sonne,

---

* Zur Sonnenfinsternis am 11. August 1999

Bindfäden regnete es.
Meine Laune war grau wie der Tag.

An diesem Tag musste ich nach Berlin.
Mit dem Flugzeug.
Kurz überwand es die Wolken,
und ich sah die Sonne,
klar und hell und strahlend.

Wir landeten wieder nasskalt
unter den Wolken.
Aber verändert.
Meine Stimmung war heller.
Ich hatte die Sonne gesehen.
Kurz, aber das reichte für diesen Tag.

„… es gibt für den Menschen
kein Glück unter der Sonne,
es sei denn, er isst und trinkt
und freut sich.
Das soll ihn begleiten bei seiner Arbeit
während der Lebenstage,
die Gott ihm unter der Sonne
geschenkt hat."
(KOHELET 8,15)

Ich verstehe die Angst,
wenn die Sonne nicht da ist,
wenn sie nicht einmal mehr
Schatten wirft,
sondern selbst im Mondschatten liegt.
Wenn der Tag zur Nacht wird.

Ich verstehe sie,

aber werde ihr nicht erliegen,
ihr nicht und allen Untergangspropheten,
die so genau wissen,
wann das Ende der Welt kommt.

Ich weiß es nicht.

Vielleicht kommt es gleich
oder heute Nacht
oder in zwei bis drei Millionen Jahren.
Gott lässt sich seine Termine
von niemandem setzen.

Gott kennt meinen Anfang
und mein Ende.
Und wenn es denn geschieht,
bin ich ruhig.
Mit dem, was ER uns verheißen hat:

„Es wird keine Nacht mehr geben
und sie brauchen weder
das Licht einer Lampe
noch das Licht der Sonne."
(OFFENBARUNG 22,5)

Bis dahin ist Zeit.
Meine Zeit.

SALZ UND LICHT

SALZ UND LICHT

Papa Giovanni

Er lässt mich einfach nicht los,
Papst Johannes XXIII.,
seit dem 3. September 2000 selig gesprochen.
Geschichten erzählt man sich von ihm,
kleine menschliche Alltagsbegebenheiten,
die viel enthalten.

„Worte bewegen, Beispiele reißen hin",
das hat er gesagt
und danach hat er gelebt.

Einmal sollte er fotografiert werden,
wie das so ist, auch Päpste müssen
das über sich ergehen lassen.
Der Fotograf fordert ihn auf,
die Hand zum Segen zu erheben.
So zu tun als ob,
das sei ein gutes Bild,
würdig, angemessen,
außerdem im Stil der Vorgänger.

Johannes XXIII. weigert sich,
so zu tun als ob liegt ihm nicht,
das will er nicht,
da ist trotz aller Argumente
nichts zu wollen.
Der Fotograf ist enttäuscht.

Dann der rettende Einfall.

Der Papst geht zu einem Angestellten
und fragt ihn unvermittelt,
ob er ihn segnen dürfe.
Dem verschlägt es die Sprache,
er stottert irgendetwas,
ist natürlich bereit,
Papst Johannes segnet ihn,
und der Fotograf drückt auf den Auslöser.

Das Bild ist gemacht,
die Pose gelungen,
aber es ist keine Show,
keine Lüge,
der Segen war echt
und ernst gemeint.

Ich denke an die vielen
gestellten Bilder unserer Großen,
die irgendwann alles mitmachen,
Hauptsache, man ist im Gespräch:
„Ihr Auftritt bitte!"

Die Anekdote um Johannes
zeigt, dass es auch anders geht,
mag darüber lächeln, wer will.

Papst Johannes brauchte
keine PR-Agenten,
keine Imageberatung
oder Meinungsumfragen.

Menschlichkeit, Barmherzigkeit
waren seine Stichworte.
Davon redete er,

so lebte er,
das sah man ihm an
und glaubte ihm.

Weil er war, wie er war.
Ohne Pathos.

Schlicht echt.

SALZ UND LICHT

Stachel

Die Ursprünge, wen interessieren sie?

Tempus fugit.
Die Zeit flieht.
Was gestern war,
ist gestern,
bleibt gestern.

Man spricht von Wurzeln, Traditionen.
Stolz ist man,
schreibt Bücher, Festschriften,
über das, was war,
über das, was geblieben ist.

Steinerne Zeugen gibt es.
Unsere Kirchen gehören dazu.
Auch mit ihnen schmückt man sich.
Die Bauten machen was her.
Die Optik verschönern sie.
Nicht wegzudenken, die Bauten.
Museen vergangener Wichtigkeit.
Aber doch nett fürs Stadtbild.
Rahmen, Schmuck, Beiwerk.
Für viele.

Noch sind sie in Funktion.
Mehr oder weniger.
Gut besucht zu den Festtagen,
manche auch sonst.

Man wählt aus.
Man nimmt Einladungen an.
Zu Festzeiten lässt man sich sehen.
Und umgibt sich mit Kulisse.

Man praktiziert,
oder wie heißt es so schön:
wohnt einem Gottesdienst bei.
Was dort gesagt wird,
was gepredigt, verlangt,
angestoßen, angemahnt wird,
nun gut ... gehört ja irgendwie dazu,
Hauptsache nicht übertreiben.
Nett soll es sein.
Bitte nett.
Heißt es.

Singt uns lieber schöne Lieder
zur Weihnacht,
garniert unsere Hochzeiten.
Und renoviert eure Kirchen
für unsere Fotos.
Macht keinen Ärger, ihr Christen.

Machen wir aber.
Solange wir glauben,
dass es Gott gibt.
Und seine Botschaft.

Unsere Kirchen,
heilige Orte,
lieb gewordene,
sind nicht zu übersehen.

Sind Stachel,
Ruhepunkte,
Zeichen,
dass es mehr gibt,
als man uns vormacht.

SALZ UND LICHT

Salz und Licht?

    Salz der Erde sollst du sein,
    Licht der Welt.
    Heißt es im Evangelium.

    Schön gesagt.
    Schwer gelebt.
    Oft will ich mich nur verstecken,
    allen Risiken aus dem Weg gehen,
    das Böse vermeiden,
    indem ich alles vermeide.

    Ich bin mir fremder, als mir lieb ist.
    Hinter jedem Bild von mir
    gibt es wieder ein Bild,
    und dahinter wieder eins,
    und noch eins.

    Die Saltos im Leben schlage ich selbst.
    Nicht immer wird der Fall abgefedert.
    Nicht selten liege ich auf der Schnauze.
    Nicht immer ist jemand da,
    der auf die Füße hilft.

    Ich lebe,
    ich versuche zu leben,
    mit allen Zweifeln und
    mit allem Krummen in mir.

    Brauche ich wirklich eine Kirche?

Die anderen kommen doch auch aus.
Und gut aus.
Ohne Glauben.

Ich nicht. Ich komm nicht aus.
Vielleicht bin ich nicht mutig genug.
Aber ich komm nicht aus ohne.

Flucht, Betäubung?
Nein.

Ich glaube,
weil es die einzige Lösung ist.
Damit sich die Welt verändert.
Und ich mich in ihr.

Weil sich dann die Leute
eher willkommen sind,
weil wir dann die Angst verlieren,
überhaupt zu existieren,
weil wir dann nicht so todernst leben
und uns mit Humor ertragen können.
Weil wir dann weniger wegschauen
und die Klappe aufmachen,
wenn's drauf ankommt.

Salz der Erde sollst du sein,
Licht der Welt.

SALZ UND LICHT

Der Gaukler

Herminius war ein braver
und anständiger Christ.
Eines Tages, so schreibt
Nikolai Leskow in einer Erzählung,
entschließt er sich alles zu verkaufen,
das Geld den Armen zu geben
und Einsiedler zu werden.
Er will's ganz radikal.

Dreißig Jahre verbringt er in Edessa.
Auf einer Säule stehend,
dem Himmel nahe.
Weg von der schnöden Welt.
Trotzdem findet er keine Ruhe.

Eines Tages hört er
von einem außergewöhnlichen Menschen,
der noch frömmer und bemerkenswerter
sei als er selbst.
Pamphalon nenne man ihn.
Das macht den Musterasketen neugierig.

Herminius verlässt die Säule
und begibt sich auf die Suche.
Er findet den Menschen.
Allerdings nicht so,
wie er sich das gedacht hat.

Pamphalon ist kein Heiliger

im üblichen Sinne.
Er ist ein Lebenskünstler, ein Gaukler,
aber mit einem großen Herzen
und einer sprichwörtlichen
Gastfreundschaft.
Ein Mensch mit allem,
was dazugehört.
Alles andere als ein Asket.

Bei ihm geht jeder aus und ein,
egal, wie fromm er ist,
wie reich oder arm.
Pamphalon lebt, ohne Schablone,
mittendrin.

Er nimmt Herminius den Eigendünkel,
was Besseres zu sein,
genau zu wissen,
was der richtige Weg ist.

Gott schreibt auf seine Weise
auf krummen Zeilen gerade.
Und es sind nicht immer die Frömmsten,
die ihm ganz nahe sind.

Es sind die, die ohne Aufsehen,
auf ihre Weise,
auf ihren Wegen und Umwegen
schlicht leben,
was sie glauben.

WortKlug

Leute gibt's, die sind besonders klug
und zeigen das gerne.
Man hat ja nicht umsonst studiert.

Ein Kollege von mir
gehörte zu dieser Sorte.
Seine Predigten waren
ein Blick in seine Bibliothek.
Fleißig war er, ohne Zweifel.

Eines Sonntags legte er wieder einmal los,
es ging um den Heiligen Geist
und um die Dreifaltigkeit.
Viele scheuen das Thema,
ist doch ziemlich kompliziert.
Für ihn nicht.

Es predigte ihn.
Wortgewaltig, zitatenreich,
halt wahnsinnig klug.
Der Gipfel:
„die innertrinitarischen Processiones"!
Tolles Wort.
Theologendeutsch,
wär' was für Harald Schmidt.
„Innertrinitarische Processiones" ...

Es meint die Beziehung zwischen Gott
und Heiligem Geist ... und so weiter.

Ist einfach zu kompliziert.

Nach der Messe kam eine alte Frau
in die Sakristei,
wollte den Kollegen sprechen,
wegen der Predigt,
hatte aber nur eine Frage:
„Wann, Herr Pastor, sagen Sie,
wann ist denn die Prozession?"

Der Kollege hat daraus gelernt.
Seitdem spricht er einfacher
und verständlicher.

Das wünsch' ich mir manchmal,
bei manchem Fachchinesisch:
Klare, kurze, verständliche Sätze.
„Eindeutig sei deine Rede!",
heißt es schon in der Bibel.

Klug ist nicht, wer zeigt,
was er alles weiß,
sondern wer es versteht,
sich verständlich zu machen.

SALZ UND LICHT

Der Sündenbock

Mal wieder verschlafen.

Kein Kaffee,
schlecht rasiert
renne ich zum Bahnhof.
Gott sei Dank habe ich schon ein Ticket.

Vielleicht schaffe ich es noch.
Es ist kurz vor sieben morgens.
In drei Minuten geht mein Zug.
Rote Ampeln sehe ich nicht,
das heißt, ich übersehe sie.
Zum Glück sind keine Kinder da.

Ich hetze auf den Bahnsteig,
sehe den Zug dastehen,
höre den Pfiff des Zugleiters,
missachte ihn und greife nach einer Tür.
Sie geht nicht auf,
der Zugchef schnauzt mich an:
„Zurückbleiben!"
Ich bleibe zurück.
Der Zug fährt an.

Dann das Wunder.

Der Lokführer hat mich gesehen,
wahrscheinlich auch meine Wut,
und ich trau meinen Augen nicht:

Er hält noch mal an.

Ich fahre oft mit dem Zug.
Aber das ist mir noch nicht passiert.

Bevor ich mir die Augen reiben kann,
bin ich eingestiegen,
lasse mich in den Sitz eines Abteils fallen
und japse wie ein
schlecht trainierter Hund.

Geschafft.
Es gibt doch noch Menschen.
Her mit dem Bundesverdienstkreuz
für diesen Lokführer.

Außer Puste, aber hochzufrieden
lehne ich mich zurück.
Glück pur.

Es dauert vier Minuten.
Dann ein Blick aus dem Fenster.
Erst zögernd,
dann mit „bitte nicht",
schließlich mit unübersehbarer Gewissheit.

Der Zug fährt in die Gegenrichtung.

Falscher Zug,
netter Lokführer,
katastrophales Ergebnis.

Ich entreiße meinem Helden
in Gedanken den Verdienstorden

und brülle ihn an.
Gott sei Dank hört er es nicht.

„Wärst du doch weitergefahren.
Warum musst du Trottel denn anhalten?
Machst du doch sonst nicht!"

Dass ich der Trottel war,
hab ich mir erst später zugegeben.
Jetzt brauchte ich erst einmal
einen Sündenbock
und nahm den unschuldigsten,
den ich hatte.
Den, der nun wirklich
in bester Absicht gehandelt hatte.

Später hat mich das mehr erschreckt
als meine eigene Schusseligkeit.
Fehler gibt man halt nicht gerne zu.
Auch nicht sich selbst gegenüber.

Wie war das noch mit dem Balken
im eigenen Auge und den Splittern,
die man bei anderen sucht?

Ungezwungen

Gott schuf den Menschen,
weil er vom Affen enttäuscht war.
Danach verzichtete er
auf weitere Experimente.
Sagt Mark Twain.

Kein Wunder.
Wenn man sich so
in Gottes Zoo umschaut,
dann mag man diesem
bissigen Kommentar zustimmen.
Die Erfindung des Menschen
hat zwar große Fortschritte
in der Schöpfung ermöglicht,
aber auch das genaue Gegenteil.

Das ist bekannt,
daran arbeiten wir,
mehr oder weniger.

Dabei singen wir
Wadde hadde dudde da,
heulen uns aus an den
Schultern unserer
unglaublich einfühlsamen
Beicht-Talker
und genießen den endlich
legitimierten, weil
ohne Decoder empfangbaren

Blick durchs Schlüsselloch
der Real-Soap.
Wir sind Big Brother
im Dschungel-TV.

Natürlich nicht wir,
sorry,
keine Vereinnahmungen,
es sind immer die anderen.

*Gott schuf den Menschen
nach seinem Ebenbild,*
sagt die Bibel.
Stimmt das noch?
Großes Fragezeichen.

Natürlich ja!
Großes Ausrufezeichen.
Zumindest in der Grundausstattung.

Gott hat gewusst,
auf was er sich einließ,
als er den Menschen schuf.
Vor allem, als er sich entschied,
ihn oder sie frei laufen zu lassen.

Er hätt' ihn ja auch
programmieren können
oder altmodisch
als Marionette an seinen Fingern
herumzappeln lassen können.

Hat er aber nicht.

Das mit der Freiheit
meinte er durchaus ernst.
Auch wenn er jetzt ertragen muss,
dass man sich beschwert,
wenn er nicht eingreift
oder wenn er zusieht,
wie sich sein Musterknabe Mensch
zum Affen macht.

Lasst sie doch,
hör ich Gott sagen –
denk ich mir, dass er sagen könnte.
Wenn das eure einzigen Probleme sind,
dann geht es euch gut.

Gaukler gab es immer wieder,
die euch den Spiegel vorhalten,
euch in harmlose Fallen locken,
damit ihr merkt,
wie leicht man euch verführen kann
oder wie schnell man euch
schlicht nur auf den Arm nehmen kann.

Nur: wer hat gesagt,
dass ihr ihnen zuhören müsst?
Wer bitte,
wer?

SALZ UND LICHT

Talkshow

Sie sitzen nebeneinander
und fetzen sich.

Er liebt sie nicht mehr,
weil sie's mit 'nem anderen hat,
und der wiederum ist scharf auf
ihre beste Freundin,
mit der sie nun wortreich nie wieder redet,
außerdem gibt es auch noch
die ältere Schwester,
die sich immer einmischt,
und den fremdgehenden Vater
und die lang schlafende Mutter
und und ...
und Beziehung ist ja eh Mist.

Die Arena heißt Talkshow,
da trifft man sich.
Früher schickte man Löwen und
Gladiatoren und amüsierte sich
über blutige Metzeleien.
Heute genügen die Keifereien
vor laufender Kamera.
Der Nachmittagszirkus,
den angeblich keiner sieht,
niemand, außer den paar Millionen,
von denen die Statistiken erzählen.

Über manche Themen kann man ja reden,
Talkshows sind moderne Marktplätze,
auf denen es auch mal laut zugeht,
kontrovers, wie das so ist.
Aber wenn es ganz intim und
persönlich wird,
wenn man sich fragt,
haben die niemand,
der mit ihnen redet,
was treibt die
zum Seelenstriptease ins Flutlicht...?

Einmal ins Fernsehen,
egal wie?

Ich möchte nicht wissen,
wie viele den Tag verfluchen,
an dem sie zugesagt oder
sich freiwillig gemeldet haben.
Das kann man ja,
die Redaktionen suchen ja immer.
Ich möchte nicht wissen,
wie viele sich ans Hirn fassen,
nach der Blamage.
Und wie vielen es dreckiger geht
als vorher.

Die Meute interessiert das nicht.
Morgen gibt's wieder neue Hampelmänner
und Hampelfrauen,
neues Futter für die Lust am Skandal,
man wirft sie zum Fraß vor,
und es wird wieder eingeschaltet.
Ganz zufällig natürlich.

Ganz zufällig.

Ich wünsche denen,
die sich in Beziehungen verrannt haben,
denen Dinge passieren,
die sich manch einer im Traum nicht
vorstellen kann,
es sei denn in Alpträumen,
denen wünsche ich,
dass sie Menschen haben,
die länger mit ihnen reden,
bei denen sie mehr Sendezeit haben
und null Zuschauer.

Und die sie weiterbringen.
Raus aus ihrem Schlamassel.

Ich wünsche Ihnen Menschen
und keine,
die solche spielen.

Schlussverkauf

Es ist mal wieder so weit,
wie in jeder Jahreszeit
purzeln die Preise.
Machen wir uns auf den Weg.
Suchen nach Schnäppchen.

Alles ist billiger.
Hosen,
Kleider, Schuhe,
wir brauchen sie nicht,
aber sie sind billiger.

Wir gehen auf die Jagd.
Wir pirschen uns durch die Straßen,
erobern die Kaufhäuser,
beladen uns mit Trophäen.

Manchmal haben wir Glück.
Jetzt kann ich die Jacke kaufen.
Die Teure.
Runtergesetzt kann ich sie mir leisten.
Dass sie billiger war, merkt später niemand.

„Verbilligte Ware ist vom
Umtausch ausgeschlossen!"
Sie wissen, warum sie uns warnen.

Zu Hause packen wir die Beute aus,
und ...

brauchten wir das wirklich?
Selten können wir dann lachen
über uns selbst.

„Was sorgt ihr euch um eure Kleidung?
Lernt von den Lilien,
die auf dem Feld wachsen:
Selbst Salomo war in all seiner Pracht nicht gekleidet
wie eine von ihnen ..."

Schon gut, Jesus.
Das war vor 2000 Jahren.
Heute ist heute.

Wir greifen zu.
Das kann man immer noch mal brauchen ...
Sagen wir,
und verstauen es in die Schränke.
Bis zur nächsten Kleidersammlung.
Die beruhigt dann unser Gewissen.

Ich jage auch.
Kaufe gern.
Meist dann, wenn ich mich ablenken will.
Gibt ein gutes Gefühl, etwas erworben zu haben.
Ein Erfolg in der Einkaufstasche.
Nach Niederlagen kann man an mir gut verdienen.
Ich fülle die Lücke ...
Zufrieden bin ich nur kurz.

Vieles wird langweilig,
wenn ich es habe.
Es zu bekommen ist spannend,
dann liegt es herum.

Wir sind Jäger.
Wir sind Sammler.

Nicht alle.
Wir haben Zuschauer.

Wir sind immer in Bewegung.
Man lockt uns so schön.

Was, wenn ich weniger hätte?
Was, wenn ich Dinge nur anschaute,
ohne sie zu haben?

Was, wenn weniger
wirklich mehr wäre?

„Wie man sich bettet, so liegt man",
heißt es.
Was ich in meine Gedanken lasse, bestimmt mich.
Was mich bestimmt, liegt auch an mir.

Die Leere füllen.

Mit Hoffnung,
die mich übersteigt.
Mit Sehnsucht,
mit Dankbarkeit
für das, was ist.

Frei sein.
Ich träume.
Was wiegt wirklich in meinem Leben,
was ist wichtig?

SALZ UND LICHT

Medien

Das Tempo steigt.
Alles wird immer schneller.
Die Technik. Die Apparate.
Was heute top ist,
ist morgen Schrott.
Wer auf sich hält,
hält mit, rennt mit,
spielt mit.

Tausende sind
während der Funkausstellung
durch die Berliner Hallen gezogen,
haben sich informiert,
haben ausprobiert
und geträumt:
Von Verträgen und satten Gewinnen.
Von MP3-Playern, DVD-Recordern,
Flachbildschirmen.
Von neuen Medien.

Wir brauchen sie.
Wir gebrauchen sie,
die unbegrenzten Möglichkeiten.
Aber wofür?

Ich denke an das Wort Medium.
Eigentlich meint es uns.
Die Apparate und Programme
haben uns den Titel genommen.

Menschen sind Medien. Untereinander.
Boten, die sich was zu sagen haben.
Aber was? Was überbringen sie?
Was ist ihre Botschaft?

„Leere Engel" (PETER SLOTERDIJK)
gibt es genug.
Dummschwätzer,
Phrasendrescher,
Akrobaten des Wortmülls.

Mit vielen Sätzen alles verbergen.
Auf den nächsten Trend lauern.
Jetzt wollen wir das und
morgen wieder das Gegenteil.
Es wird beliebig. Wir sind so satt.

Es fällt schwer, all das zu verdauen,
was auf uns einstürmt.
Nicht leicht ist es, Atem zu holen.
Auch wenn es nur an uns liegt.
Wir müssen nur das, was wir wollen.

Ich denke an die,
die nicht alles mitmachen.
Die was zu sagen haben,
keine leeren Engel sind.
Die sperrig bleiben,
sich ihr Profil nicht wegschminken.
Die ihre Meinung sagen
und nicht erst prüfen lassen,
was im Moment wohl besser ankommt.

An die denke ich,
die mit dem Internet spielen,
und an die, die es brauchen.
Zum Überleben.
Diktatoren haben es nicht mehr
ganz so leicht.
Es ist schwerer, sich abzuschotten.
Man ist vernetzt.
Man weiß, wo Menschenrechte
verletzt werden.
Das andere gibt es auch.
Hitlers Jungidioten haben auch
ihre Homepage.

Gewinner sind andere.
Die, die uns vorschreiben,
was wir zu sehen haben
und wo und zu welchem Preis.
Nicht immer kriegt man
so viel Sport frei Haus
wie heute Abend.
Ab welcher Milliarde
wird man eigentlich zufrieden?

Die Medien sind ein Dschungel.
Mit fantastischen Gewächsen
und einem Haufen Unkraut.

Und wir sind mittendrin.
Mit einer Botschaft.
Die wir zu sagen haben
und die wir sagen.

Ohne Berührungsängste.

An den Hecken und Zäunen.
Auf den modernen Marktplätzen.

Sie ist ganz einfach, fast zu schlicht
für die gestylte Gesellschaft:

Es gibt mehr, als ihr seht.
Es gibt mehr, als ihr hört.
Es gibt mehr, als ihr begreift.

Vorsichtig erzähle ich dann von Gott,
der das alles hier überhaupt
erst möglich macht.
In dem alles seinen Ursprung hat.

Der uns die Freiheit gibt, zu gestalten.
Und die Warnung, uns nicht zu verlieren.

Der mir hilft, mich zurechtzufinden
in der realen Welt.
Der mir Maßstab und Grenze ist,
Freiraum und Richtung.

Der mir Zeit gibt.

Sklaverei

Auf meinem Schreibtisch
liegt ein kleines Buch.
Das Buch der Jahrestage.
Dort sind Tag für Tag
alle wichtigen Ereignisse
der letzten Jahrhunderte aufgezeichnet.

Ein Datum überlese ich fast:
1. August 1834 –
„Die Abschaffung der Sklaverei
im britischen Empire wird rechtswirksam."

Schön, denke ich,
ist ja nun doch einige Zeit her ...
Aber jetzt ist das vorbei,
in Europa zumindest ist es
kein Thema mehr.
Fußfesseln trägt hier keiner mehr und
öffentliche Versteigerungen von Menschen
gibt es auch nicht.

Aber so was wie Sklaverei
gibt's immer noch.
Stichwort Frauenhandel.
Ist nur geschickter getarnt,
raffinierter, aber nicht weniger brutal.

Und es gibt versteckte Sklavereien.
Sehr unplakative.

Ich denke an alle,
die hart ran müssen für wenig Geld
oder die zusehen müssen,
wie andere bei weniger Anstrengung
ein Vielfaches bekommen.

Ich denke an alle,
die sich nicht auswählen konnten,
was sie beruflich gerne machen würden.
Die das Leben gezwungen hat,
Dinge zu tun, zu denen sie sich
immer wieder überwinden müssen.
An die Frau denke ich,
die gerne Lehrerin geworden wäre,
aber Schule, Uni war nicht drin,
nach dem Krieg,
die Geschwister waren großzuziehen,
nach dem Tod der Mutter.

Ich denke an alle,
die in ihrer Beziehung gewaltsam
gefangen sind.
Die sich ausnutzen lassen,
sich nicht wehren,
nicht mehr wissen, wer sie selber sind,
die dem so genannten Partner
hörig sind.

Ich denke an alle,
die sich selbst in Ketten legen.
Die sich nicht trauen,
so zu sein, wie sie sind.
Die auf hart wie Kruppstahl machen
und viel weicher und verletzlicher sind.

An alle, die ihr Rückgrat
nicht mehr spüren,
die man verbiegen kann wie Wachs.

An sie und andere denke ich
an einem solchen Datum.

SALZ UND LICHT

Junkie

Ich könnte ihm gerade
eine um die Ohren hauen.
Ratz, fatz,
links und rechts,
in den drei Sekunden Affekt,
die mir zustehen.
Aber das ist nicht drin.

Weil sie ihn nicht erwischt haben.
Den Typen, der in meine Wohnung
eingebrochen ist.
Um elf Uhr, am helllichten Tage,
ich war mal gerade kurz rausgegangen,
ohne Jacke,
der Computer war noch angeschaltet.
Für eine Viertelstunde.
Das hatte gereicht.

Mit Gewalt hat er ein Fenster aufgebrochen,
sich dabei geschnitten,
die Blutspuren hab ich später weggewischt.
Stereoanlage, Handy und anderes
hat er mitgenommen.
Es musste wohl schnell gehen.
Professionell sah das nicht aus.

Die Versicherung wird mir
alles zurückerstatten,
außer ein paar persönlichen Dingen,

die er wohl später weggeschmissen hat,
weil er nix damit anfangen konnte,
mir fehlen sie aber.

Ein Einbruch wie tausend andere,
ich hab sogar Glück gehabt,
sagt man mir,
der oder die haben nichts verwüstet.

Trotzdem,
der Gedanke, dass jemand einfach so
in die Wohnung eindringt,
in meinen Bereich,
Sachen durchwühlt,
mitnimmt, was er schnell tragen kann ...

Ich würd dem schon gern ein paar Dinge
ins Gesicht sagen.
Ziemlich klar und ziemlich sauer.

Auf der anderen Seite
denk ich,
was ist das für ein Mensch,
der so ein Risiko eingeht,
am helllichten Tag,
er hätte jeden Moment
erwischt werden können.
Es ist immer Betrieb in diesem Haus.
Was für einen Druck muss der haben
oder Geldnot,
welche Zwänge ...?
Wie gesagt:
Professionell sah das nicht aus.

Wahrscheinlich ein Junkie,
sagen mir die Polizisten,
er hat Dinge geholt,
die man schnell zu Geld machen kann
oder eintauschen
für den nächsten Schuss.

Vielleicht war es so.
Und bei allem Ärger
sag ich mir:
Wie gut geht's dir
und in welchem Schlamassel
leben andere,
die so was machen.

Das entschuldigt nichts, nein ...

Aber mir wird klar,
wie viel für mich so selbstverständlich ist.
Und wofür ich dankbarer sein könnte.

SALZ UND LICHT

Neapel

In Neapel ist „Caffè" Menschenrecht.

Dort und nur dort
kann es passieren,
dass jemand einen „Caffè" trinkt,
aber zwei bezahlt.
Im Voraus,
für einen Unbekannten,
der irgendwann gerne einen „Caffè" hätte,
aber kein Geld dafür hat.

So steht's jedenfalls in
meinem Reiseführer.
Den hat jemand geschrieben,
der die Neapolitaner kennt.
Und wenn's erfunden ist,
dann ist es gut erfunden.
Es zeigt eine Stimmung,
eine Mentalität.

Mich hat die Stadt fasziniert,
ihre Widersprüchlichkeit,
ihr Tempo,
ihre Menschen.

Vor zwei Wochen war ich da,
zur Hochzeit meiner Schwester.

Immer wieder gehen mir
die Bilder durch den Kopf,
Ich sehe uns nach der
standesamtlichen Feier
ins Restaurant gehen.

Das geht alles andere als still,
überall wird gratuliert,

„Auguri" wird gerufen,
und noch mal: „Auguri!"
Wildfremde Menschen
lachen, freuen sich
und wünschen alles Gute.

Im Restaurant klatschen alle,
als das Brautpaar erscheint.

„Auguri!"
Alle guten Wünsche.
Es ist schön, dort zu feiern.

Doch wünsch ich mir kein Neapel
in Deutschland,
keine Camorra,
keine Tagesmorde,
keine Gaunereien in den Straßen.

„Geht's dir besser, leg ich dich rein,
geht's dir schlechter, bist du mein Gast."
Dieses Motto ist nicht übersetzbar.

Was ich mir für uns wünsche,
ist schlicht etwas mehr spontanes Gefühl,

einfach direkt,
frisch von der Leber,
sich mit anderen freuen können,
auch wenn man nicht eingeladen ist,
nicht zur Familie,
nicht zur Hochzeitsgesellschaft gehört.

Im Jetzt leben,
mit den Gedanken, dem Herzen da,
wo man gerade ist,
und nicht schon drei Schritte weiter.

„Ich will, dass sie das Leben haben",
sagt Jesus im Evangelium,
„und ich will, dass sie es in Fülle haben."

SALZ UND LICHT

Schwarzmaler

Das Flugzeug hatte Verspätung.
Mein Zug ist weg.
Ich muss warten.

Nach drei viertel Stunden steige ich
in einen ICE,
der ist proppenvoll,
ich bekomme keinen Sitzplatz.

Das auch noch, denke ich mir,
aber reg dich nicht auf.
Hauptsache, ich komm hier bald weg,
und die Fahrt dauert eh nur
knapp eine halbe Stunde,
in Mannheim muss ich sowieso
wieder umsteigen.

Ich stelle meinen Koffer ab
und lehne mich an die Glaswand
zwischen zwei Abteilen.
Nicht gerade die bequemste Reiseart,
mittlerweile ist mir aber fast alles egal,
wenn ich nur bald zu Hause bin.

Von ferne sehe ich den Schaffner kommen,
ich krame nach meinem Fahrschein,
ach jee, denke ich,
natürlich, das hier ist ja ein ICE
und du hast nur ein normales Ticket.

Also werd' ich wohl nachlösen müssen.
Den besonderen Zuschlag bezahlen.

Bei dem Gedanken werde ich nun
endgültig sauer.
Ich stehe hier im überfüllten Zug,
mit meinen Koffern,
und soll für meinen „Superstehplatz"
jetzt noch extra bezahlen!
Das Ticket, so wie es ist,
müsste doch reichen,
vom ICE-Service krieg ich eh nix mit.

Aber da wird der Schaffner nicht
mitmachen,
Vorschrift ist Vorschrift,
und wir leben in Deutschland
und nicht in Neapel,
wo ich heute Morgen gestartet bin.

In Gedanken sehe ich den Schaffner
vor mir, wie er dienstbeflissen
die paar Euro extra einkassiert
und ihm egal ist, was ich denke.

Ich lege mir schon eine Bemerkung zurecht,
der Herr Beamte wird etwas
zu hören bekommen
bestenfalls einen gezügelten Wutausbruch.
Ich sehe ihn noch nicht aus der Nähe,
aber er ist mir jetzt schon unsympathisch.

Dann kommt er.
Ich zeige mein Ticket, höre mich sagen:

„Leider habe ich keinen Zuschlag",
sehe, wie er abwinkt,
freundlich grüßt und weitergeht.

Ich bin baff,
packe meinen Ärger wieder ein,
schaue ihm nach und merke,
dass ich was für meine Nerven tun muss.

Wie schnell nisten sich feste Bilder,
Klischees, Vorurteile ins Hirn,
sag ich mir.
Der kann doch gar nicht anders handeln,
dachte ich,
aber genau das hat er getan!

Ich fasse mir an die Stirn,
kann dann aber doch über mich grinsen
und zieh mir in Gedanken an den Ohren.

Danke für die Lektion –
gegen Schwarzmalerei.

SALZ UND LICHT

Der Name

Müde steige ich in Saarbrücken
aus dem Zug.
Fantastische Tage liegen hinter mir,
meine Schwester hat geheiratet,
in Neapel,
wir haben entsprechend gefeiert.
Gutes Essen, malerische Umgebung
auf der Insel Procida ...

Der Saarbrücker Bahnhof holt mich
auf die Erde zurück,
der Alltag hat mich wieder.
Ich schleppe die Koffer zur Straßenbahn.

Ein junger Mann hält mich an.
Verzottelt. Er riecht nach Alkohol.
Ich kenne ihn vom Sehen,
wie man so schön sagt.
Und ich weiß, was er will.

„Weißt du,
ich will noch mit der Bahn fahren,
hab kein Geld,
drei Mark brauch ich."

Ja, denk ich mir,
drei Mark, das stimmt,
so viel kostet das Ticket.
Du hast dich gut informiert,

aber fahren wirst du doch nicht.
Das Geld wirst du eh versaufen.

Trotzdem geh ich nicht weiter.
Ich denke zurück an die letzten Tage.
Was hat das alles gekostet,
wie toll konnten wir feiern,
und jetzt soll ich ihm nichts geben?
Oder ihn examinieren,
was er mit dem Geld macht?

Das schlechte Gewissen,
es funktioniert.
Ich mache den Geldbeutel auf,
nur italienische Münzen.
Ich entschuldige mich.

„Damit kann ich nichts anfangen",
murmelt er.

Ich weiß.
Ich will weitergehen.

Ich denke wieder an die letzten Tage,
hole Luft und
geb' ihm einen Zehnmarkschein.
Ich schaue ihn nicht an.
Will nur weg von ihm,
will in Ruhe gelassen werden,
will nur weg.

Ja, ich weiß, es ist zu viel.
Ich schau ihn nicht an,
murmle was von: Alles Gute,

gehe,
er ruft mir was nach,
ich versteh es nicht.
Es wird wohl Danke gewesen sein.

Ein paar Meter weiter lauert der Nächste.
Ich geh ihm aus dem Weg.
Dann sehe ich, wie beide sich treffen.
Mein Spezi hält die zehn Mark in die Höhe.
Triumphierend. Er lacht.
„Wir haben was!"
„Mensch, Michael", sagt der andere.

Aha, Michael heißt er.
Er hat einen Namen.
Wie gesagt, ich kenn ihn nur vom Sehen.
Ich habe ihm manchmal was gegeben,
aber nach seinem Namen gefragt
habe ich nie.
Hat mich nicht interessiert.

Er hat einen Namen.
Oft wird er wohl nicht danach gefragt.

Ich stelle mir vor, niemand würde
sich dafür interessieren,
wie ich heiße.

AN GRÄBERN
VOM HIMMEL REDEN

Vom Heiligen

Einen Fronleichnamstag werde ich
in meinem Leben wohl nie vergessen:
An diesem Tag wurde ich morgens
in aller Frühe zu einer Familie gerufen.
In der Nacht hatte sich dort
der Sohn der Familie umgebracht.
Ich bin lange dageblieben,
genauso sprachlos und hilflos wie alle dort.
Später musste ich seiner Freundin
und dem Freundeskreis
die schreckliche Nachricht überbringen.

Das sind Momente, in denen mir
mein Beruf alles andere als leicht fällt.
Ich war fertig...
Aber dann musste ich ja noch
zur Fronleichnamsprozession.

Die Straßen waren geschmückt,
Musik, ich ging im festlichen Gewand
unter einem Baldachin,
die Monstranz mit dem heiligen Brot
in beiden Händen.

Ich kann mich noch sehr gut erinnern,
wie mir zumute war.
Am liebsten hätte ich die Monstranz
weit von mir geschleudert,
solch eine Wut hatte ich.

Und auf der anderen Seite
habe ich mich noch nie so an sie
geklammert wie auf diesem Weg.
Wie an einen Rettungsanker.
Nicht an diesen Gegenstand,
sondern an Jesus Christus selbst,
das Brot des Lebens
da in der Mitte dieser Monstranz.

Dieses Brot stammt ja
aus der schönsten Feier,
die Christen gemeinsam begehen können:
der Erinnerung an das Abendmahl Jesu,
als er mit seinen Jüngern das Brot brach.
Das ist mein Leib, sagte er zu ihnen.

Immer wenn wir in der Messe feiern,
dass Jesus Christus in Gestalt von Brot
und Wein unter uns ist,
dann wird die Mauer durchbrochen,
gegen die ich mit meinen Fragen pralle.
Dann werde ich daran erinnert,
dass wir verbunden sind mit einer anderen
und größeren Wirklichkeit,
die wir jetzt nur schemenhaft erahnen.

Es gibt die Momente, da weiß ich,
dass ich mir und anderen
wirklich nichts vormache,
wenn ich an Gräbern vom Himmel rede,
wo Gott die Rätsel der Welt
und meine eigenen Rätsel enthüllen wird.

Manchmal gerade dann,
wenn mein Leben buchstäblich
durchkreuzt wird,
wenn beides zusammenkommt,
die Wut und der Trost,
wie damals auf dem Fronleichnamsweg.

AN GRÄBERN VOM HIMMEL REDEN

Das Leben lauert

Heute kann man auf den Friedhöfen
mehr Lichter als sonst
auf den Gräbern sehen.
Das sind keine Reste vom
Halloween-Spökes,
sondern Zeichen,
dass heute an Allerseelen
besonders viele Menschen die Gräber ihrer
Verwandten und Freunde besucht haben.

Es ist gut, dass es solche Orte gibt,
um uns an die zu erinnern,
die vor uns waren.
Auch wenn immer mehr Menschen
darauf verzichten und sich
anonym beerdigen lassen.
Die Toten nicht aus dem Blick zu lassen,
die Gräber zu pflegen
als Orte der Erinnerung,
ist wichtig.
Aber für uns Christen ist das Grab
nicht der letzte Ort.

Der älteste Totengedenktag war
ursprünglich Ostern,
und das hatte auch seinen Sinn:
Tod und Auferstehung gehören zusammen.

In diesem Licht sagt mir Allerseelen einiges.

Ich will nur zwei Gedanken herausgreifen:
Erstens: Die Wand, vor die uns der Tod
oft ohne Vorwarnung stellt,
ist keine endgültige.
Wir erinnern uns an die Toten nicht wie
an zu Ende gegangene Geschichten,
sondern glauben als Christen,
dass sie leben.
So verrückt das für viele klingt
und so unvorstellbar das manchmal
für einen selbst ist.
Sie leben in einer anderen Form,
jenseits der Grenze Tod.
Die Liebe geht über den Tod hinaus.

In meiner Kaplanszeit musste ich mal
mithelfen, einen Verstorbenen
entsprechend herzurichten.
Es war ein älterer Mann,
der schon lange krank gewesen war.
Wir haben seine Witwe
in ein anderes Zimmer gebracht,
dem Toten dann einen Anzug angezogen,
ich hab' eine Krawatte gebunden.
Es war mitten im Hochsommer,
die Rollläden waren wegen der Hitze
herabgelassen.
Als wir fertig waren,
führte ich die alte Dame ins Zimmer.
Sie schaute auf ihren Mann,
im festlichen Anzug, mit Krawatte,
schüttelte den Kopf und sagte:
„Oh nein, zieht ihm das Jackett aus.

Es ist doch viel zu warm!"
Wir haben das dann auch gemacht.

Klar war das naiv. Ungewollt natürlich.
Aber war die Liebe jemals vernünftig?

Wie viele stellen immer noch
den zweiten Teller auf den Tisch
oder leben auf ihre Weise weiter
mit dem Menschen,
der ihnen so nah war wie ihr Herzschlag.
Und der es bleibt.

Das Grab ist nicht das letzte Kapitel
unserer Geschichte mit Gott
und den Menschen. –

Der zweite Gedanke
führt wieder weg vom Friedhof:

„Die Toten haben es gut bei dir",
sagte mir ein Freund, als ich
in diesem Sommer den Urlaub abbrach,
um auf eine Beerdigung zu fahren.
Ein Jesuitenpater war
nach langer Krankheit gestorben.
Wir nannten ihn Ali, früher war er
ein leidenschaftlicher Jugendseelsorger,
einer von den Menschen, die einem
geholfen haben, erwachsen zu werden.
Den Besuch beim Lebenden hatte ich
– Termine, Termine, Termine –
so lange hinausgezögert,
bis es zu spät war.

Jetzt fuhr ich hin.
Aber was ich noch sagen wollte,
was ich längst hätte sagen sollen,
blieb ungesagt.

„Die Toten haben es gut bei dir."
Der Satz sitzt heute noch.

Wie viele Menschen gibt es,
deren Wert man erst
beim Abschied erkennt.
Wäre der Tod die endgültige Grenze,
dann müsste man manchmal verzweifeln.
Aber das ist er nicht.
Die Liebe geht über den Tod hinaus.

Mit dieser Hoffnung denken wir
an Allerseelen an alle,
die wir hier vermissen,
aber auch an die,
deren Namen keiner mehr nennt.
Wir beten für die,
die alt und lebenssatt
ihr Leben vollendet haben,
und ganz besonders für die,
die jäh herausgerissen wurden.

Und auch an uns selbst denken wir
an Allerseelen:
Dass wir glauben,
später selbst nicht ins Leere zu fallen,
sondern anzukommen.

Das Spekulieren, wie der Himmel aussieht,

ersparen wir uns lieber.
Gott selbst wird da sein, das genügt.
Deswegen bleiben wir nicht
an den Gräbern stehen.

„Der Tod lauert",
schreibt der arabische Dichter Abdellatif Laâbi.
Aber er fügt hinzu:

„Das Leben auch."

Abschied

Sie hat gewartet,
bis alle da waren.
Alle, die zu ihr gehörten:
ihre Kinder,
ihre Schwiegertöchter,
ihre Enkel.
Ich war der letzte,
gerade angekommen aus dem Urlaub.

Der Doktor sagte,
es könne noch Tage dauern,
er wisse es nicht.

Sie wusste es besser,
zwei Stunden später starb sie.
Wir waren alle im Zimmer.
Alle. Niemand fehlte.

Großmutter schlug noch einmal
die Augen auf, sah uns an,
einen nach dem anderen,
und ging.
In die andere Welt.
Von der wir so wenig wissen,
von der wir so viel ersehnen.

Es war still.
Ganz lange war es still.
Wir waren seltsam traurig

und ruhig zugleich.
Die Abschiedsstunden
möchte niemand von uns missen:
den Frieden nicht, den wir in Worte
nicht fassen konnten.

Gut, wenn es so sein kann,
aber es geht nicht immer so.
Nicht immer ist jemand da,
der die Zeit hat –
nicht, weil er nicht wollte,
sondern weil es einfach nicht geht.

Nicht immer ist jemand da,
der die Kraft hat auszuhalten,
nicht wegzulaufen.
Nicht immer ist jemand da,
der einen gehen lässt,
in Frieden und ohne Vorwurf.

Und manchmal
geht alles so schnell,
die Dinge überschlagen sich,
man findet sich wieder
an einem Bett,
in einer Intensivstation,
in einem Pflegeheim.
Und wollte doch immer
alles ganz anders machen.

Ich höre
von einem holländischen Arzt:
Eine Familie bedrängt ihn,
das Leiden ihrer Großmutter

doch zu beenden.
Was sie ihm nicht sagen:
dass sie für einige Zeit
ins Ausland wollen,
das „Problem" noch gerne
„erledigt" hätten.

Was möglich ist, wird auch versucht.
Besser, man versperrt manche
Möglichkeiten.
Über siebzig Prozent sind auch bei uns
für aktive Sterbehilfe.
Mich schaudert bei dem Gedanken.

„Du sollst nicht töten",
dieses Gebot gilt immer.
Gott ist Herr über das Leben,
sonst niemand.
Zu groß ist die Gefahr des Missbrauchs,
der Beliebigkeit,
der menschlichen Unberechenbarkeit.

Ich wünschte, ich dürfte
einmal so Abschied nehmen
wie meine Großmutter,
umgeben von Menschen,
die zu mir gehören,
Menschen, die mich aushalten,
auch in meiner Schwäche.

Ich möchte keine Angst haben,
mich beeilen zu müssen,
weil das Bett frei werden muss,
weil meine Zeit um ist,

weil ich nicht produktiv genug bin
für die gestylte Gesellschaft.
Ich möchte keine Schmerzen haben –
aber wer weiß, ob das geht.

Man weiß nie,
was man denkt,
was man will,
was man fühlt,
wenn es so weit ist.

Das Kreuz ist ein Zeichen
im Kampf gegen das Leid.
Mit diesem Zeichen
bin ich für Sterbehilfe im alten Sinn:

Auch wenn es einem viel abverlangt:
den Weg mit zu Ende gehen,
da sein, so weit es geht.
Schmerzbekämpfung.

Nichts gewaltsam verlängern,
nichts gewaltsam verkürzen.

Ich hoffe,
dass es Hände geben wird,
die mich halten.
Ob zu Hause
oder im Krankenhaus
oder im Sterbehospiz.

Ich bitte darum,
dass Zeit wichtig bleibt
und Sterben kein Tabu.

Dass Worte gesprochen werden,
nicht nur Akten geführt,
dass Gesichter sich finden.

Dass Würde bleibt.
Dass nie vergessen wird,
wie heilig der Mensch ist,
das Ebenbild Gottes.

AN GRÄBERN VOM HIMMEL REDEN

Zu spät

Und dann werd ich sie besuchen.
Ganz bestimmt.
In welchem Altersheim ist sie?
Ach ja. So weit ist das ja auch wieder nicht.
Es ist nun schon bestimmt zehn Jahre her ...

Was, keiner kümmert sich mehr um sie?
Also, ich fahr vorbei.
Oder ich schreib ihr erst mal.
Schick mir doch mal die Adresse.
Ich fahr ganz bestimmt.
Das war vor sechs Monaten.

Vor zwei Monaten noch mal
das gleiche Spiel.
Ach ja, stimmt.
Gut, dass du mich dran erinnerst.
Nein, ich hab sie nicht vergessen.
Wie könnte ich.
Aber es war halt viel los. Du weißt schon.
Ja, das mach ich jetzt noch.
Sie wird sich bestimmt freuen,
wenn ich komme.
Ach so, nein, die Karte,
noch nicht geschrieben.
Ja, das werd' ich vorher noch machen.
Und dann fahr ich zu ihr.

Ich war nicht da.
Mittlerweile ist sie beerdigt.

Zu spät.
Schon wieder zu spät.
Die Blumen fürs Grab
hätte ich ihr besser auf den Tisch gestellt.

Man hätte, man sollte.

Bilder kommen mir in den Sinn.
Als ich noch kleiner war
und sie voll im Leben.
Sie hatte einen Laden, eine Bäckerei.
Als Kinder bekamen wir immer das Brot,
das Mutter kaufte, als Miniaturausgabe.
Extraanfertigung von ihrem Mann.
Stolz wie Oskar waren wir.

Jetzt ist sie tot,
und das, was ich ihr sagen wollte,
kann ich nicht mehr sagen.

Schuld heißt nicht nur,
etwas Falsches getan zu haben.
Zu oft auch: etwas nicht getan zu haben.
Verpasste Gelegenheiten.
Nicht eingehaltene Vorsätze.

Ich schaue alte Briefe durch,
durchstöbere mein Adressbuch.
Es gibt einige,
bei denen ich mich melden könnte.

Jetzt ist jetzt.
Nicht irgendwann später.
Lieber ein paar Vorsätze weniger im Kopf
und ein paar Dinge wirklich umgesetzt.

Menschen nicht aufs Wartegleis schieben.
Und irgendwann bist du selber froh,
wenn andere anders handeln
als du jetzt.

Ganz bestimmt.

Übersetzung

Nomen est omen, heißt es.
Ein Name ist Programm.

Übersetzt man das Wort Jesus,
dann heißt das: „*Gott hilft*",
und Jesus ist weiß Gott
seinem Namen gerecht geworden.

Allerdings nicht nach den Spielregeln
seiner Zeitgenossen.
Unter „Gott hilft" hätte man sich sicher
auch flammende Reden
gegen die römischen Unterdrücker
vorstellen können oder
einen Aufruf zum gerechten Krieg,
zur Wahrung von Volk und Religion.
Aber so hilft Gott nicht.
Gewalt ist nicht seine Lösung
und nicht seine Sprache.

Jesus war das Bild
für die Kraft aus der Ohnmacht.
„*Durch seine Wunden sind wir geheilt*",
heißt es im Evangelium.

Daran kann man denken,
bei allem, was einem selbst schwer war
und was man gern vermieden hätte.
Aber: was auch geprägt hat.

Und einen vielleicht ein bisschen
differenzierter,
verständnisvoller,
toleranter gemacht hat.

Die Kraft kommt manchmal
wirklich aus der Ohnmacht.

Wer Scheidung in der eigenen Familie
oder im Freundeskreis erlebt hat,
wer begriffen hat, dass
sich nichts wiederholt,
es für nichts Schablonen gibt
und jeder Fall seine eigene Dramatik
mit Fehlern, Verletzungen aufweist,
der spricht anders über Scheitern.

Wer selbst Opfer von Gewalt wurde,
direkt und ohne Vorwarnung,
der redet anders über Menschen,
die über Jahre Hilfe in Anspruch
nehmen müssen,
von Therapie zu Therapie gehen,
ihr Gleichgewicht suchen.

Wer von einem Tag auf den anderen
„Umstrukturierung", „Effizienzsteigerung"
und personaler „Verschlankung"
zum Opfer fiel,
redet anders über „die Arbeitslosen".

Wer sich die Mühe gemacht hat,
der Geschichte eines Flüchtlings zuzuhören,
nicht via Fernsehen, sondern direkt,

Auge in Auge,
ist doppelt vorsichtig
bei allen schnellen Sprüchen
über Asylmissbrauch in deutschen Landen.

Für manche Erfahrungen zahlt man
seinen Preis, aber:
man wird auch reifer und menschlicher.
Und: barmherziger mit sich und anderen.

Barmherzigkeit ist eine Hauptvokabel
im Evangelium.
Eine, von der Jesus nicht nur
gesprochen hat,
sondern die er gelebt hat
und: uns hinterlassen hat.
Wer sich an ihr orientiert,
macht den Namen Jesus lebendig.

So „hilft Gott" auch in unserer Zeit.

AN GRÄBERN VOM HIMMEL REDEN

In sich ruhen

Es gibt auch gute Nachrichten,
die hauen einen um.

Eine selten-schöne:
die berühmten sechs Richtigen im Lotto.
Selbst fünf sind je nach Quote
auch ganz schön.
Irgendwie wird man es erst
gar nicht glauben,
da muss sich doch jemand geirrt haben,
das kann doch nicht wahr sein!

Man muss es sich immer wieder
sagen lassen, man wird
immer wieder den Schein überprüfen,
bis hin zur amtlichen Gewissheit.

Andere Nachrichten lassen einen wohl
eher Fassung bewahren,
aber sind auch „nicht ohne":

Sternstunden wie Führerscheinprüfung,
Abitur oder Meisterprüfung,
die Geburt des ersten Kindes,
die lang ersehnte Zusage
nach endlosen Bewerbungen.
Es passieren halt zwischendurch
doch immer wieder Dinge,

die wirklich gute Nachrichten sind,
die unser Herz höher schlagen lassen.

Aber dann gibt es auch das andere.
Die Nachrichten, auf die man
so sehr verzichten könnte
und die man gerne überhören würde:
der Brief mit der Kündigung,
die Freundin, die am Telefon sagt,
dass jetzt endgültig Schluss sei,
der entmutigende Bericht vom Arzt.
Oder die Polizeibeamten vor der Tür,
die betreten unter sich schauen,
weil sie das Schlimmste
zu überbringen haben.

Nachrichten,
die wie der Blitz einschlagen,
und man meint:
Welt, halt still,
es kann einfach nicht mehr weitergehen.
Alles verliert von einem Moment
auf den anderen seinen Sinn.

Es gibt diese Momente,
die auf einmal alles verändern.
Positiv oder negativ.
Die Gefahr ist groß,
dass man aus der Bahn gerissen wird.
Entweder weil man vor lauter Glück
den Boden verliert oder
weil vor lauter Schmerz der Boden
unter einem zu brechen beginnt.

Was hält mich so oder so?
Was bewahrt mich davor,
übermütig zu werden,
und was davor,
endgültig zu verzweifeln?

Rezepte dafür gibt es leider nicht.
Aber Hinweise, dass es gelingen kann.

Manchmal hört man den Satz:
Der oder die ruht in sich selbst.

So wird von Menschen gesprochen,
bei denen man merkt,
dass sie mit sich selbst klar sind,
die das auch ausstrahlen
und in deren Nähe man selbst ruhig wird.

Es sind meist die,
die selbst viel erlebt haben,
manchen Sturm überstanden haben.
Die für sich Werte entdeckt haben,
in denen sie sich tief verankert fühlen
und die sie vor beidem bewahren:
vor Verzweiflung wie vor Übermut.

Menschen, die glauben, gehören dazu.

Gesegnet

Gesegnet bist du,
so wie du bist.
Mit deiner Sehnsucht,
mit deinem Dank und deiner Bitte.
Mit all dem, was sich so schwer
sagen lässt.
Mit deinem randvoll gefüllten Schweigen.

Gesegnet bist du
so wie du bist.
Unverwechselbar,
farbig,
mit Ecken und Kanten.
Mit deinen Siegen und
deinen Niederlagen.
Mit all denen an deiner Seite,
die dir lieb sind,
und mit allen,
die dir zugemutet werden,
wie du auch ihnen.

Gesegnet bist du,
so wie du bist.
Gott kennt dich.
Er hält dich aus.

Und gibt dir Atem.

Register

Abenteuer   30
Abendmahl   12, 144
Abschied   21 f., 30, 39, 49, 94, 143, 149, 153
Advent   13, 18
Alkohol   27, 55
Alleinsein   25, 27, 55
Allerseelen   146
Alte   110, 149
Anfang   32, 59, 60, 73, 85, 97
Angst   25, 26, 35, 56, 65, 76, 78, 80, 83, 96, 126, 153
Ankunft   31, 149
Apostel   86 f.
Aprilscherz   71
Arbeiteraufstand   93
Arbeitslose   27, 36, 160
Aschenkreuz   41
Aschermittwoch   43
Asket   107 f.
Atem   169
Auferstehung   78, 86, 146
Ausländer   60

Baez, Mathilde   61
Barmherzigkeit   48, 100, 161
Beichte   114
Bereuen   22, 118
Beruf   128, 143
Besuchen   15, 22, 56, 156

Betlehem   35
Beziehung   50, 58, 117, 128, 163
Bibel   90, 110, 115
Bitte   25, 39, 68, 167
Böse   66, 105
Botschaft   20, 103, 124, 125
Brautpaar   44, 134
Brot   12 f., 143 f., 157
Bruder   55, 61
Buß- und Bettag   111 ff., 114 ff., 158 ff.

Chance   42, 84
Chaos   28, 42
Christen   48, 61, 75, 83, 86, 103, 107, 144, 146
Christkönigstag   97
Christus   19, 79, 82

Dank(bar)   69, 119, 132, 138, 167
Differenzieren   42 f., 160
Diskriminierung   65
Dreifaltigkeit   109
Dunkel   34, 95
Dünkel   56, 108
Durst   55

Ebenbild   51, 115, 155
Echt sein   101, 119, 129
Ehebruch   58, 117
Einbrecher   130
Ende   27, 35, 97
Engel   25, 34 f., 37, 78, 124
Entscheidung   21
Erfahrung   34, 70
Erfolg   121
Erholung   29 f.
Erinnern   14, 23, 34, 51, 57, 81, 144, 146
Evangelium   41, 42, 52, 55, 76, 105, 135, 159, 161
Ewig(es Leben)   10, 82, 83, 84, 86

Fahrt   29, 136
Familie   13, 15 f., 135, 143, 146, 151
Fantasie   72
Fasten   41, 44, 47, 49, 63
Fastenzeit   42, 46, 48, 51, 57, 82
Fehler   113, 160
Feiern   82, 83, 134, 140
Fernsehen   5, 68, 75, 118
Fest   45, 75, 79, 82, 102
Fliegen   65, 96
Flucht   9, 106
Flüchtling   163
Fragen   19, 47, 110, 115, 144
Freiburger Münster   86 f.
Freiheit   27, 84, 87, 115 f., 119, 126
Freizeit   29 ff.
Fremd   25, 36, 40, 56, 105, 134
Fremdenfeindlichkeit   61
Freude   22, 82, 90, 96, 163
Freund(schaft)   13, 21, 31, 56, 146
Frieden   152
Friedhof   146, 148
Frisch, Max   47
Fronleichnam   143 ff.
Fülle   135

Gastfreundschaft   108, 134
Gaza   62
Gebet   10, 25, 26 ff., 33, 36, 64, 90, 149
Gebetsteppich   63
Gebote   57 ff., 69, 153
Geburtstag   6, 21 f., 162
Gedächtnis   12 ff.
Geduld   29
Gefängnis   19, 128
Gefühle   9, 25, 44, 134 f.
Gegenwart   28, 32, 42, 121, 135, 160

Geheimnis   12 f.
Geld   15, 21, 55, 107, 137, 139 ff., 141, 128, 131 f., 133, 137, 140
Gemeinde   88
Gerechtigkeit   11
Geschenk   16, 21
Gewalt   24, 63, 72, 128, 130, 161, 160
Gewissen   121
Glauben   5, 12, 19, 27 f., 34, 40, 50, 79, 80, 83, 84, 87, 106, 108, 147, 164
Gleichgültigkeit   145
Glück   29, 34, 96, 112, 163
Gottesdienst   57, 103
Grab   78, 82, 85, 91, 144, 157
Graf, Willi   61, 91
Grenze   70, 83, 126, 147, 149

Halloween   146
Hart   24, 44 ff., 128
Heilen   34, 56
Heilig   56, 58, 103, 143, 155
Heilige(r)   80, 84, 86, 107
Heiliger Geist   89, 94, 109
Herminius   107
Herz   22, 46, 51, 57, 80, 108, 135, 163
Hilfe   34, 159 ff.
Hilflos   143
Himmel   31, 48, 83, 107, 144, 149
Hinrichtung   61, 91
Hiobsbotschaft   49
Hochzeit   36, 44, 52, 103, 133, 139
Hoffnung   33 ff., 79, 83, 119
Horvath, Ödön von   9
Hospiz   154, 155
Hostie   12
Huber, Professor Kurt   91
Hungrig   55

Huren 27

Ich 36, 42, 48
Internet 125
Islam 63
Israel 21 f., 35
Italien 133, 139

Jaabi, Abdoulatiff 150
Jahrestage 127
Jahreswechsel 23, 33, 26, 29
Jerusalem 62
Jesuitenkolleg 15
Jesus 6, 12, 19 f., 33, 42, 52, 55, 75, 78, 83, 86 f., 121, 135, 144, 161
Johannes 86
Johannes der Täufer 18
Jubiläum 21, 29 ff.
Jugendseelsorger 148
Jünger 12, 144

Kälte 23
Kämpfen 32, 51, 58
Kanzel 92
Karfreitag 75
Katholisch 41, 57
Kaufen 121
Kerze 18, 88
Khomeini 63
Kind 13, 17, 36, 39, 49, 52, 68
Kindermund 50, 68, 81
Kirche 6, 18, 27, 31, 41, 44, 55, 64, 88, 105, 102, 103
Klartext 18, 92
Kleidung 56, 120 f.
Klischee 138
Kraft 32, 34 f., 79, 91, 152, 159
Krank 36, 56, 163
Krankenbesuch 56
Kreuz 39 ff., 154
Krieg 78

Krippe 33
Krone (der Schöpfung) 48

Lachen 14, 31, 33, 73, 85, 90, 134, 141
Lasten 23, 36
Leben 50, 55, 58, 79, 83, 105, 108, 135, 150
Lebenslust 73
Leere 119, 124
Legende 73
Leid 154
Leise 43
Leskow, Nikolai 107
Lesung 57
Licht 34, 79, 95, 105, 146
Liebe(n) 11, 25, 36, 58, 95, 117, 147 ff.
Lieder 82, 90, 103
Loslassen 21 f.
Lustig 50, 68, 71, 81, 90

Macht 36
Mahler, Gustav 9
Maske 24, 46
Matthäus 55
Medium 123
Medizin 56
Menschenrecht 125, 133
Menschenwürde 20, 51, 56, 155
Menschlichkeit 100
Messdiener(in) 49, 88
Messe 12, 64, 81, 88, 89, 110, 144
Mission 75 ff.
Misstrauen 66
Mobbing 59
Mohammed 64
Mord 52, 58, 92, 134
Moslem 63, 66
Mut 92, 94, 106
Mutter 17, 39, 58, 69, 93, 117,

128
Mutter Theresa   10

Nachdenken   41, 44, 47, 49
Nachrichten   164 f.
Nächstenliebe   25, 36 f., 48, 55 ff.
Nähe   34, 55, 148, 164
Name   58, 71, 76, 141, 159 ff.
Narren(fest)   71 ff.
Nazis   61, 91
Neid   59
Nein sagen   68, 70
Neujahrstag   26, 33
Niederlage   121, 167
Nikolaus   15
Not   27, 55

Ohnmacht   34, 159 f.
Ökumenisch   62
Opfer   71, 78, 160
Ostereier   82
Ostern   75, 78, 81, 83, 146
Osteroktav   83
Osterwitz   81

Palästinenser   35
Pamphalon   107
Papst Johannes XXIII.   99
Paradies   11
Petrus   79, 86
Pfarrei   49
Pfarrer   15, 40, 88, 110
Pfingsten   88 ff., 91
Pilger   35
Politiker   60
Prägung   70, 159
Predigt   103, 109 f.
Priester   13
Probst, Christoph   91
Prophet   18
Protest   93
Provokation   18, 48

Rache   58
Radikal   52, 63, 66, 107
Ramadan   63
Ratlos   27
Rätsel   10, 50, 144
Reise   29 ff., 136
Religionsunterricht   48, 57
Resigniert   24
Respekt   11, 56, 58, 63
Rückgrat   94, 129
Ruhe   31, 97, 104, 151, 164
Ruhestand   36
Ruhetag   58

Sabbat   58
Salz   13, 105 f.
Satan   72
Scham   56
Schatten   11, 50, 54, 95 f.
Scheidung   162
Scheitern   77, 160
Scherben   33 ff.
Schlagzeilen   23
Schlussverkauf   120
Schmerz   25, 154, 164
Schmorell, Alexander   91
Schmunzeln   45, 99 f.
Schnäppchen   120
Scholl, Geschwister   61
Schöpfung   48, 114 f.
Schuld   77, 113, 157
Schutz   24, 37, 40, 56
Schwäche   45, 80
Schweigen   27, 167
Schwester   55, 92, 117
Seele   24, 28, 93, 118
Seelsorge   55
Segen   12, 33, 37, 39, 99 f., 167
Sehnsucht   9 ff., 32, 34, 95, 119, 169
Selbstmord   143

Sieg 87, 167
Silvester 23
Sklaverei 127 ff.
Sloterdijk, Peter 124
Sonne 11, 95
Sonnenfinsternis 96
Sonntag 64, 109
Sorgen 26, 36, 121
Spaß 72, 90
Spiegel 18, 116
Sprüche 22, 42, 61, 161
Spuren 30 f., 35
Stärke 45, 94
Staub 41
Sterbehilfe 153
Strafe 65
Streit(en) 30, 49, 53, 62, 117
Suche 86 f.
Sucht 55, 125, 132, 139 f.
Symbol 34, 41

Talkshow 114, 117
Taube 88
Taufen 19
Tempo 29, 77, 123, 133, 152
Terror(ist) 66, 78
Teufel 72 f., 92
Theologe 13
Thomas 86
Tod 19, 41, 50, 58, 87, 83, 143, 146 f., 151 ff., 157
Toleranz 11
Totensonntag 151 ff.
Tradition 63, 71, 81, 102
Tränen 9, 24, 31, 45
Trauer 24, 49, 79, 143, 149, 151
Traum 9, 32, 119
Trauung 45
Trennung 25
Trinitatis 109
Trost 23, 145
Twain, Mark 114

Überraschung 21, 30 f., 83
Überwinden 56
Umarmung 31
Umkehr 20, 41
Umweg 108
Umzug 21, 49
Ungeduld 29
Unheil 72
Unrecht 93
Unschuld 65
Unsichtbar 43
Urlaub 29, 148
Ursprung 102, 126
Urteilen 54

Valentinstag 21
Vater 17, 58, 69, 117
Verdächtigung 66
Vergeben 52 ff.
Verletzung 25, 53, 59, 160
Verlust 49, 52, 149
Verrat 64
Verschweigen 59
Versetzung 21, 49
Vertrauen 32, 84, 94
Verzichten 41, 43, 44, 47, 49, 122
Volk 61
Vorbild 20
Vorfreude 69
Vorurteile 62, 138

Wahr(heit) 79, 86, 87
Warten 19 f., 29 f., 69, 136
Wasser 19, 55, 80
Weg 39, 79, 108, 145, 154
Weihnachten 13, 23, 33, 34, 103
Weihrauch 88
Wein 12, 144
Weinen 33, 76, 85
Weiße Rose 61, 91
Weltgebetstag 60 f.

Weltuntergang   97
Widerstand   61, 91 ff.
Wirklichkeit   9, 126, 144
Wort   5 f., 12, 41, 55, 59, 85, 99, 109, 124, 155
Wunden   34, 53, 159
Wunder   111
Wünsche(n)   40, 78, 134
Wut   49, 111, 130 f., 137, 143

Zeichen   35, 39, 79, 104, 146, 154
Zeit   29, 42, 53, 85, 97, 102, 123, 126, 152, 154
Zeremonie   44
Ziel   32, 69
Zionsberg   62
Zuschauer   119, 122
Zweifel   50, 79, 86, 105

Weitere Veröffentlichungen des Autors

Wahlbekanntschaften

Gespräche von Stephan Wahl mit Menschen aus Showbusiness, Politik und Gesellschaft

(hrsg. von Norbert Sommer) Berlin 2002

Für alle, die uns Mitmensch und Engel sind

Fürbitten zu den Sonn- und Festtagen im Lesejahr B, Würzburg 2002

Für alle, deren Herz verwundet ist

Fürbitten zu den Sonn- und Festtagen im Lesejahr C, Würzburg 2003

Aljoscha

Geschichten von Gottes kleinem Lieblingsengel, Frankfurt 2002

Spirituelle Impulse

Henri J. M. Nouwen
Nach Hause finden
Wege zu einem erfüllteren Leben
144 Seiten, gebunden
ISBN 3-451-28381-6
Dieses Buch enthält die gebündelte Antwort des großen geistlichen Schriftstellers auf die menschlichen Existenzfragen: es geht um die Erfahrung von Macht und Ohnmacht, von Frieden und Unfrieden, um die Erfahrung von Zeit und Vergänglichkeit, um die Realität des Lebens und Sterbens.

Maria Otto/Ludger Hohn-Morisch
Das Lächeln Gottes
Gebete unserer Zeit
176 Seiten, gebunden
ISBN 3-451-28355-7
Unverbraucht sind die Gebete dieses Buches, pointiert, wahr und unmittelbar, oft wie frisch gepresst aus einer besonderen Lebenssituation oder auch aus dem persönlichen Erleben christlicher Glaubensfeste.

Anselm Grün
Dem Alltag eine Seele geben
Herausgegeben von Ludger Hohn-Morisch
144 Seiten, Klappenbroschur
ISBN 3-451-28403-0
Nicht zufällig ist Anselm Grün im deutschen Sprachraum der heute am meisten gelesene spirituelle Autor. Wie keinem Zweiten gelingt es ihm, die Schätze der Tradition für die Gegenwart zu heben und zu übersetzen. „Dem Alltag eine Seele geben" versammelt Leitgedanken für ein vertieftes Leben gerade in der Normalität des Alltags.

Erhältlich in jeder Buchhandlung
HERDER